DIE SIKHS

Der Goldene Tempel von Amritsar (Harimandir), der heiligste Ort der Sikhs.

DIE SIKHS

TEXT
Khushwant Singh

FOTOS
Raghu Rai

BURG VERLAG · 7123 Sachsenheim 3
Stuttgart · Bonn

Vorwort

von Prof. Dr. Gisela Bonn, Herausgeberin der Zeitschrift INDO ASIA

Ihre dramatische Geschichte hat sie geprägt, der Geist der Rebellion, der ihr alter ego ist, ihr zweites Ich, das nach besonderer Anerkennung und Gleichberechtigung verlangt. Und sie haben ein unbestreitbares Recht darauf. Die Sikhs waren seit Jahrhunderten die Verteidiger des Subkontinents. Immer wieder haben sie, die Grenzbewohner, sich fremder Eindringlinge und Armeen erwehren müssen. Griechen, Perser, Kushanen, Hunnen, Araber, Mongolen und Engländer – sie alle versuchten, über das „Fünfstromland", über den „Punjab", in das Herz des Subkontinents vorzudringen, und es waren die Punjabis, die ihnen mit der Waffe in der Hand entgegentraten, wohl wissend, was sie verteidigten.

Der Punjab gehört zu den reichsten Bundesstaaten der Indischen Union. Von den vorzüglich angebauten Feldern seiner Bauern kommen 75 % des Getreides, das Indien zur Ernährung seiner Menschen benötigt. Was den Punjab aber so spektakulär macht, sind seine Bewohner, die Sikhs. Diese bärtigen, hochgewachsenen Turbanträger werden in Europa häufig für die Inder schlechthin gehalten. In Wahrheit stellen sie mit 16,6 Millionen Menschen nur ca. zwei Prozent der Bevölkerung Indiens, und ihre Provinz umfaßt nur ein Sechzigstel des indischen Territoriums. Statistiken spielen jedoch keine Rolle für die Bedeutung der Sikhs in der Geschichte des Subkontinents. Was die Sikhs seit Jahrhunderten auszeichnete, war mehr als Tapferkeit, es war jene geistige Revolution, die zu einer Alternative innerhalb der religiösen und sozialen Gedankenwelt Indiens führte. Das sikhistische Drama begann mit dem Gründer der Sikh Religion, Guru Nanak, der 1469 in einem kleinen Ort südwestlich von Lahore geboren wurde. Nanak, später Guru, Lehrer oder Meister genannt, war ein bedeutender sozialer Reformer, der nach einer Synthese zwischen Hinduismus und Islam suchte. Er lehnte die Vielgötterei und das Kastensystem der Hindus ebenso ab wie den religiösen Fanatismus der Muslims, den die Sikhs unter der Mogulherrschaft am eigenen Leibe zu spüren bekamen. Vor Gott, so lehrte Nanak, sind alle Menschen gleich. Ganz selbstverständlich war es deshalb für ihn, Purdah, das Leben der Frauen hinter Schleiern und Gittern, wie es bei den Anhängern Mohammeds üblich war, abzuschaffen und die Sikh Mädchen als gleichberechtigte Wesen in Freiheit erziehen zu lassen. Logischerweise ergab sich aus der Vorstellung von der Würde des Menschen als unteilbarem Gut auch die Ablehnung des Kastensystems der Hindus. Mit dieser Auffassung war der Weg zur eigenen Identität vorgezeichnet, der Wunsch nach einem Staat, mit einer eigenen Sprache und einer eigenen Religion geboren. Von der Masse der gemäßigten Sikhs allerdings war dieser Staat, das sollte nicht vergessen werden, als Bundesland innerhalb der Nation Indien gedacht. Den Extremisten genügte das nicht. Sie verlangten mit „Khalistan", dem „Land der Reinen", einen unabhängigen Sikh Staat. Diese Forderungen wurden seit August 1982 durch einen blutigen Terror unterstützt. Er eskalierte bis zur Tragödie vom 31. Oktober 1984. An diesem Tage wurde Indira Gandhi von ihren beiden Leibwächtern Beant und Satwant Singh ermordet. Die Premierministerin, dem Säkularismus verpflichtet, hatte die beiden Sikhs gegen den Willen der Sicherheitsbehörden in ihrem Stab behalten. Sie mußte ihre Vorstellungen von der Einheit der Nation, von religiöser Gleichberechtigung und sozialer Gerechtigkeit mit dem Leben bezahlen.

Was am 31. Oktober 1984 geschah, darf der Masse der Sikhs nicht angelastet werden. Die schweigende Mehrheit der Punjabis verwirft den Terrorismus ebenso wie die Idee von einem separaten Sikh Staat. Ihre Heimat ist die Union Indien, ein ungeteiltes und stabiles Vaterland, zu dessen Gründung, Entwicklung und Verteidigung die Sikhs Erhebliches beitrugen.

Was die Masse der Sikhs wünscht, ist mehr Autonomie innerhalb der Nation. Rajiv Gandhi will sie gewähren, soweit nicht Forderungen erhoben werden, die den Bestand des Staates in Frage stellen. Das machte der junge Premierminister ganz klar, als er sagte: „Ich möchte gerne, daß die Chefminister ihre Bundesstaaten mit wenig Einmischung von der zentralen Regierung regieren. Aber sie müssen innerhalb gewisser nationaler Interessen handeln. Die nationale Integrität bleibt vorrangig. Es ist unmöglich für einen Bundesstaat, aus der Indischen Union auszuscheiden, oder Anstalten zu treffen, die in diese Richtung laufen." Und er hat die Zustimmung jener Millionen Sikhs, die ihr großer Guru Nanak lehrte, alle Wesen im Geist Gottes zu einen, der die „unsichtbare Kraft und das Licht ist, das in jedem Menschen leuchtet".

Aus dem Englischen übertragen von Ernest L. Wich und Odilie Pembaur

Verlagsauslieferung: Untere Au 41, 7123 Sachsenheim 3

Titel des Originals: THE SIKHS
Published 1984 by Lustre Press Pvt Ltd, India
Herstellung: Toppan Printing Co (S) Pte. Ltd., Singapore
ISBN: 3-922801-69-2

Das Beten zum Guru. Ein kleines Gebetbuch *(Gutka)* mit den täglichen Gebeten *(Nitnem)* ist in allen Sikh Häusern vorhanden. Obwohl Götzenanbetung verboten ist, gelten Abbildungen des Guru Nanak sehr oft als Objekte der Verehrung.

Guru Gobind Singh (1666–1708), der letzte der zehn Sikh Gurus, hoch zu Roß. Chandigarh Museum. Abbildung mit freundlicher Genehmigung M. S. Randhawa.

Fragt man einen Sikh, wieviel es von ihnen auf der Welt gibt, ist es gut möglich, daß seine Antwort lautet: eineinhalb Milliarden. Dies ist eine fast selbstverständliche Übertreibung, da jeder Sikh sich selbst als *Sava Lakh* (gleich 125 000) oder als *Fauj* (Armee) betrachtet. Tatsächlich gibt es in Indien insgesamt etwa 12 Millionen Sikhs. Die meisten von ihnen leben im Nordwesten Indiens, in der an der pakistanisch-indischen Grenze gelegenen Provinz Punjab. Da alle Sikh Männer wegen ihrer Turbane und Bärte auffallen, vermitteln sie den Eindruck, daß es viel mehr Sikhs auf der Welt gibt, als dies in Wirklichkeit der Fall ist. Tatsächlich bilden Sikhs nicht einmal zwei Prozent der gesamten indischen Bevölkerung von knapp 750 Millionen Menschen. Dennoch sieht man sie überall in Indien: Als Taxichauffeure und LKW-Fahrer sind sie vom nördlichsten Kashmir bis zum südlichsten Kanyakumari, von der Hafenstadt Bombay im Westen bis zu den Dschungeln von Manipur im Osten unterwegs. Sie betreiben Landwirtschaft in Terai, den abgelegenen, malariaverseuchten Sümpfen von Nepal und in den einstigen Wüstengebieten (Ganganagar) von Rajasthan. Sikhs sind Kaufleute, Händler, Industrieunternehmer, Akademiker, Rechtsanwälte, Ärzte, Beamte, und man findet sie auch in fast jedem anderen nur denkbaren Beruf im ganzen Land. Am stärksten sind sie jedoch nicht in ihrer Heimat Punjab, sondern in der Hauptstadt Delhi vertreten.

Die Landwirtschaft ist das beliebteste Betätigungsfeld der Sikhs: Über 80 Prozent ihrer Volksgruppe lebt auf dem Lande. An zweiter Stelle steht das Militär. Früher bestand die britische Armee in Indien zu 25 Prozent aus Sikh Soldaten, und heute noch ist immerhin jeder zehnte Inder in Uniform ein Sikh.

Sikhs haben sehr viel mit Juden gemeinsam: Tatsächlich sehen fast alle Sikh Patriarchen aus wie jüdische Rabbiner. Beide Volksgruppen, die Juden und die Sikhs, wurden verfolgt: die Juden beinahe 2000 Jahre von Christen und Moslems; die Sikhs seit über 200 Jahren von moslemischen Eroberern und von den Herrschern Nordindiens. Niemals wurden sie besiegt. Wie auch die Juden, betrachten sich die Sikhs als das von Gott auserwählte Volk. Ein bekannter Sikh Historiker schrieb einmal: „Wo ein Sikh ist, gibt es einen Sikh. Wo zwei Sikhs sind, gibt es eine Versammlung von Heiligen. Wo fünf Sikhs zusammenkommen, da ist Gott."

Nicht viele andere Menschen teilen diese Selbsteinschätzung der Sikhs. Im Gegenteil. Sie verspotten die Sikhs oft als aggressive, tölpelhafte Kraftprotze mit zu vielen Muskeln und zu wenig Verstand, die sich gerade noch als Kanonenfutter eignen. Nicht selten wird behauptet: „Die einzige Kultur, die sie kennen, ist die Ackerkultur." Ein Körnchen Wahrheit steckt aber doch hinter diesem zweifelhaften Kompliment, denn die Sikhs sind die besten Landwirte Indiens. Mehr als jede andere ethnische Gruppe trugen die Sikhs zur Grünen Revolution Indiens bei, indem sie ihre Weizenerträge verdreifachten. Sie gelten als die produktivsten und wohlhabendsten Bauern Indiens. In einem Land, in dem es von Bettlern nur so wimmelt, erlebt man selten, daß ein Sikh seine Hand nach Almosen ausstreckt. Die Aggressivität der Sikhs rührt wohl daher, daß sie sich selbst als Besserwisser und Besserkönner betrachten: Alles, was ein anderer kann, kann ein Sikh noch um vieles besser. Drei von neun Indern, die den Mount Everest bestiegen, waren Sikhs, und mehr als ein Drittel aller Sportmannschaften Indiens werden von Sikhs gebildet. Hinweise auf den Ursprung ihrer Einstellungen und Lebensweisen findet man in ihrer Religion und Geschichte.

Die Gurus der Sikhs

Das Wort Sikh stammt aus dem Paliwort *Sikkha* und dem Sanskritwort *Shishya* und bedeutet Jünger. Die Sikhs sind die Jünger ihrer zehn Gurus oder Lehrer, angefangen mit Nanak (1469–1539) und endend mit Gobind Singh (gest. 1708).

Nanak wurde als Hindu geboren. Seine Familie war Mitglied einer kleineren Sekte, den sogenannten Bedis, das heißt diejenigen, die die Veden kennen. Nanak entwickelte sich zu einem frühreifen Kind. Die Schule war ihm ziemlich gleichgültig. Anstatt seine Bücher zu lesen, diskutierte er viel lieber stundenlang mit hinduistischen und moslemischen Wandermönchen. Seine Eltern brachte er fast zur Verzweiflung, weil er nicht nur das Familiengeschäft vernachlässigte, sondern darüber hinaus noch das Geld, das sein Vater ihm gab, für die Armen und Hungrigen vergeudete. Als er dann das passende Alter erreichte, wurde die Heirat für ihn arrangiert. Eine Zeitlang widmete er sich sogar seiner Frau und den beiden Söhnen, die sie ihm gebar. Bald jedoch wurde sein Drang, nach der Wahrheit zu suchen, so überwältigend, daß er seine Familie verließ und sich auf Wanderschaft begab. Er fastete, betete und meditierte. Lange dachte er über das Elend nach, das die über Jahrhunderte andauernden Kriege zwischen Moslems und Hindus den Einwohnern des Punjab gebracht hatte. Sein Studium der beiden Religionen brachte ihn zu der Erkenntnis, daß Islam und Hinduismus vieles gemeinsam hatten. Er las nicht nur die Werke moslemischer Geistlicher wie Farid und Kabir, sondern auch diejenigen hinduistischer Heiliger wie Ramanand und Namdev, die alle die Gemeinsamkeiten der beiden Religionen hervorhoben. Er war überzeugt, daß das Land jemanden brauchte, der die beiden Religionsgemeinschaften einander näher bringen konnte. Gleichzeitig kam er zu dem Schluß, daß diese Aufgabe nicht von einem einsam lebenden Asketen vollbracht werden konnte. Es müßte eher ein Mann des Volkes sein, dessen vorbildliche Lebensweise die anderen überzeugen und bekehren würde. Nun begann Nanak seine Mission mit dem einfachen Satz: „Es gibt keinen Hindu, und es gibt keinen Moslem." Als Begleiter nahm er einen bejahrten moslemischen Musiker namens Mardana und den Hindu Bauern Bala. Zu dritt wanderten und predigten sie anschließend von Dorf zu Dorf. Nanak verfaßte seine Predigten in Gedichtsform, und Mardana schrieb die Musik dazu. Von einer Laute begleitet, verbreiteten die beiden dann Nanaks Lehren unter den Bauern des Punjab, die ihnen begeistert zuhörten. Innerhalb weniger Jahre wurde aus diesen Jüngern (Shishyas) eine homogene Gruppe, deren Glaube ausschließlich aus den Lehren Nanaks bestand. Aus den Shishyas wurden mit der Zeit die Sikhs (Punjabi Aussprache des Sanskrit Wortes). Nanak bereiste ganz Indien, bis Assam im Osten und Sri Lanka im Süden. Im Westen überschritt er Indiens Grenze und kam sogar bis Mekka und Medina. Wohin er auch kam, sang er seine Hymnen und lehrte durch sie die Menschen, daß sie, um Gott zu lieben, zuerst lernen müßten, sich gegenseitig zu lieben. Niemals behauptete er, mit Gott verwandt zu sein, und seine Hymnen waren nicht als Prophezeiungen gedacht. Er wollte nur ein Lehrer oder Guru sein und gegen den Fanatismus und die Intoleranz, die von den moslemischen Herrschern ständig praktiziert wurden, ankämpfen. Gleichermaßen galt sein Kampf den sinnlosen, jedoch eingefleischten Ritualen der Hindus sowie deren Diskriminierung niedriger Kasten und Frauen. Aber dies sollte alles ohne Haß, Gewalt oder Anklage geschehen. Nanak war ein sanfter Mann, der Sinn für freundlichen und liebenswürdigen Humor hatte. Die folgenden zwei Episoden aus seinem Leben sind beispielhaft für seine Art, mit Menschen umzugehen. Als er einmal am Ufer des Ganges saß, sah er, wie Hindus Wasser in Richtung der aufgehenden Sonne spritzten, um ihre Ahnen zu ehren. Prompt begann er damit, Wasser in die entgegengesetzte Richtung zu spritzen. Auf ihre Fragen antwortete er dann ganz einfach: „Ich bewässere meine Felder. Wenn ihr Wasser bis zu euren Toten in den Himmel spritzen könnt, dann kann ich es wohl bis zu meinem Dorf im Punjab spritzen." Ein anderes Mal schlief er ein, als seine Füße nach Mekka zeigten. Ein wütender Mullah schüttelte ihn wach und machte ihn darauf aufmerksam. „Aber Bruder", versuchte Nanak ihn zu beruhigen, „wenn du glaubst, daß ich mich damit respektlos gegenüber dem Hause Gottes zeige, dann rücke meine Füße doch in eine Richtung, in der Gott nicht gegenwärtig ist."

Nanaks Religion war ein strenger Monotheismus, der sich gegen jegliche Götzenverehrung und die Teilung der Hindu-Gesellschaft in Kasten und Unterkasten aussprach. Sein Grundsatz war eine Arbeitsmoral bestehend aus *Kirt Karo* (Arbeit), *Wand Chako* (teile dein Hab und Gut mit denjenigen, die weniger besitzen als du), und *Naam Japo* (ehre den Namen Gottes). Als weitere Grundlagen seines Glaubens betonte Nanak die Rolle des Gurus als Lehrer und Führer, die Gemeinde *(Sangat)*, das Singen der Hymnen *(Keertan)* und das gemeinsame Essen *(Guru Ka Langar)*.

Die letzten Jahre seines Lebens verbrachte Nanak mit seiner Familie in Kartarpur, einem Dorf, in dem er auch den ersten Sikh Tempel errichtete. Es war dies der *Dharamsal* (Aufenthaltsort der Gläubigen), der später zur *Gurdwara* (Tor des Guru) wurde. Die Menschen kamen in Scharen dorthin, um seine Hymnen und Predigten über die Einheit des Islam und Hinduismus zu hören. Als er starb, wurde sein Leichnam zum Gegenstand von Streitigkeiten, da Moslems ihn begraben, Hindus ihn aber einäschern wollten. Noch heute wird Nanak als Symbol der Bruderschaft zwischen den beiden großen Glaubensgemeinschaften angesehen. Ein populärer Vers beschreibt ihn so:

Guru Nanak Shah Fakeer
Hindu Ka Guru,
Mussulman Ka Peer.

Nanak hinterließ eine Gefolgschaft von Menschen, die weder mit dem Hinduismus noch mit dem Islam völlig übereinstimmten. Seine neun Nachfolger formten sie zu einer Gemeinschaft mit eigener Sprache und Literatur, eigener Religion und Institutionen sowie eigenen Sitten und Traditionen.

Obwohl Nanak zwei Söhne hatte, wählte er zu seinem Nachfolger einen treuen Jünger, dem er den Namen Angad gab. Angad (1504–52) bediente sich der Schrift der Geldverleiher Nordindiens und vereinte alle Schriftstücke Nanaks in einem gesammelten Werk mit dem Titel *Gurmukhi* (aus dem Mund des Guru). Angad ließ auch Zentren errichten, in denen die Lehren des Gründers verbreitet wurden. Kurz vor seinem Tode ernannte Angad einen seiner Jünger, den älteren Amar Das (1479–1574), zum dritten Guru. Dieser wiederum ernannte seinen Schwiegersohn Ram Das zum vierten Guru. Ram Das (1534–81) ließ ein großes Wasserbecken ausgraben, nannte es *Amritsar* (Nektarteich), und begann mit der Gründung einer Siedlung rund um das Becken. Anfangs nach ihm Ram Das Pura oder Chak Ram Das genannt, wurde sie bald zu einer florierenden Stadt, die aufgrund ihres „Teiches der Unsterblichkeit" den Namen Amritsar erhielt. Arjun, der Sohn von Ram Das, wurde fünfter Guru und beauftragte einen moslemischen Geistlichen namens Mian Meer, den Grundstein für einen Tempel mitten im Teich zu legen. Dieser Tempel erhielt den Namen *Harimandir* (Tempel Gottes). Arjun (1563–1606) unternahm noch mehrere Schritte, um den Sikhs das Gefühl ihrer Besonderheit und ihres Unterschiedes gegenüber den Hindus und Moslems zu vermitteln. Er sammelte alle Hymnen seiner Vorgänger sowie jene hinduistischer und moslemischer Heiliger und ergänzte sie mit seinen eigenen Kompositionen. Diese Anthologie heiliger Schriften wurde als *Granth Sahib* bekannt und gilt als „Bibel" der Sikhs. Das Granth Sahib hat die gleiche Bedeutung wie die Vedas für Hindus und der Koran für Moslems. Arjun ließ das allererste Exemplar des Granth Sahib im Harimandir Tempel aufbewahren. Arjuns größter Beitrag für den Sikh Glauben lag jedoch darin, daß er sein Leben für ihn opferte. Als nämlich Kaiser Jehangir in Angst geriet, weil der Guru beträchtlichen Einfluß auf die Bevölkerung ausübte, ließ er ihn kurzerhand durch den Gouverneur von Lahore unter einem lächerlichen Vorwand verhaften und so lange grausam foltern, bis er am 30. Mai 1606 starb. Damit wurde Arjun der erste einer langen Reihe von Sikh Märtyrern. Eines der Gedichte Arjuns zeigt, wie weit sich die Sikhs innerhalb von nur einhundert Jahren nach Nanaks Tod von den anderen beiden Religionsgemeinschaften entfernt hatten:

Ich halte mich weder an das Fasten der Hindus,
noch an den Ramadan der Moslems.
Ich diene nur dem, der mir Sicherheit gibt.
Ich diene nur dem einzigen Herrn,
der zugleich auch Allah ist.
Ich habe mich vom Hinduismus und Islam losgesagt.
Ich werde nicht mit den Hindus beten,
auch nicht wie ein Moslem nach Mekka pilgern.
Ich diene nur einem Gott und keinem anderen.
Ich bete nicht zu Götzen,
Ich verrichte nicht das moslemische Gebet.
Ich lege mein Herz nur zu Füßen des Allmächtigen.
Denn wir sind weder Hindus noch Moslems.

Nach dem Märtyrertod Arjuns verwandelten sich die Sikhs von einem friedfertigen in ein kriegerisches Volk. Arjuns Sohn Hargobind, der sechste Guru, machte aus seiner Gefolgschaft eine Armee. Die endgültige Transformation der Sikhs in eine militante Sekte wurde von Gobind Singh, dem letzten der zehn Gurus, vollzogen. Im Jahre 1675 wurde Gobinds Vater Tegh Bahadur, der neunte Guru, von dem Mogul Kaiser nach Delhi gerufen. Dort befahl man ihm die Bekehrung zum Islam. Der Legende nach behauptete er, ein Wunder vollbringen zu können und sagte, kein Schwert wäre scharf genug, um ihm den Kopf abzutrennen. Dann schrieb er einige

Worte auf ein Stück Papier, das er mit einer Schnur um seinen Hals band. Nachdem der Scharfrichter ihn enthauptet hatte, las man folgende Mitteilung auf dem Papier: *„Sees diya pur sirr na diya“* (Du hast meinen Kopf, aber nicht mein Geheimnis).

Gobind war erst neun Jahre alt, als er zum zehnten Guru ernannt wurde. Seine Jugend verbrachte er in seinem Geburtsort Patna, wo er Persisch und Sanskrit studierte. Außerdem erlernte er dort die Kunst des Kriegführens. Später ging er nach Anandpur, eine Stadt, die sein Vater am Fuße des Himalaya gegründet hatte, und organisierte die Sikhs als Kampftruppe. Seine Lebensaufgabe beschrieb er mit diesen Worten: „Überall das Recht verteidigen, Sünde und Böses ausrotten, damit die Gerechtigkeit siegt, das Gute weiterlebt und die Tyrannei vom Erdboden verschwindet.“ Gobind erkannte auch, daß Unterricht im Gebrauch von Waffen allein nicht ausreichte, um aus den friedfertigen Anhängern Nanaks richtige Krieger zu machen. Er mußte sie vor allem von der Moral der Gewaltanwendung überzeugen. „Wenn alle anderen Mittel nicht ausreichen, dann ist der Gebrauch des Schwertes absolut gerechtfertigt und unbedenklich“, sagte er und fuhr fort: „Erhellt euren Verstand und fegt die schmutzige Ängstlichkeit hinweg.“ Sein Ziel war es, „den Spatzen beizubringen, wie man Habichte jagt, und dem einzelnen Mann, wie man den Mut aufbringt, eine ganze Legion zu bekämpfen.“

Am ersten Tag des *Baisakh* (13. April 1699) rief der junge Guru seine Sikhs zu sich nach Anandpur, das nicht weit von dem heutigen Bhakra Damm entfernt liegt. Gobind taufte fünf von ihnen, die *Punj Piyaras* (die Fünf Geliebten), als Mitglieder einer kriegerischen Bruderschaft, der er den Namen *Khalsa* (die Reinen) gab. Obwohl die Getauften aus verschiedenen Hindukasten stammten, mußten sie nun aus ein und derselben Schüssel *Amrit* (Nektar) trinken. Dabei rührte Gobind den Nektar mit einem zweischneidigen Dolch um, und alle sangen gemeinsam ihre Hymnen. Anschließend verlieh er allen den neuen Familiennamen *Singh* (Löwe) und ließ sie schwören, für immer und ewig die folgenden fünf „Ks“ einzuhalten: niemals ihr Kopfhaar oder den Bart zu schneiden *(Kesh);* das Haar mit einem Kamm *(Kangha)* festzustekken, damit es ordentlich aussieht; eine zur damaligen Zeit von allen Soldaten getragene kurze Hose *(Kuchha)* anzuziehen; am rechten Handgelenk einen Armreif aus Eisen *(Kara)* als Symbol der Armut und Treue zum Guru zu tragen; und stets einen Säbel *(Kirpan)* bei sich am Körper zu haben. Den Khalsa wurden außerdem vier *Rahats* (Gesetze) für das tägliche Leben auferlegt: Kein Haar am Körper zu schneiden (eine Wiederholung des vorhergehenden Schwurs); kein Fleisch zu essen, das nach moslemischer Art *(Halaal)* geschlachtet wurde, sondern nur Fleisch eines Tieres, das mit einem einzigen Schlag (Jhatka) getötet worden war; nicht zu rauchen, Tabak zu kauen, oder Alkohol zu trinken; und niemals eine moslemische Frau zu vergewaltigen. Die Sikhs wurden dazu ermahnt, bei ihren Kämpfen gegen Mogul Armeen die Frauen ihrer Feinde stets zu respektieren. Nachdem Gobind die fünf getauft hatte, tauften diese ihn nun auf gleiche Weise. Nach der feierlichen Zeremonie brachen alle in den neuen Schlachtruf aus: *„Wah Guruji Ka Khalsa. Wah Guruji Ki Fateh.“* (Die Khalsa sind die von Gott Auserwählten. Möge Gott siegen).

Für diese Taufzeremonie gibt es viele verschiedene Erklärungen. Indem Menschen unterschiedlicher Kasten den Amrit aus ein und derselben Schüssel tranken, durchbrachen sie den orthodoxen Hindu Brauch, Speisen und Getränke, die von jemandem aus einer niedrigeren Kaste berührt worden waren, als „unrein“ abzulehnen. Ebenfalls gegen diesen Hindu Brauch gerichtet war die Vergabe des Namens Singh an alle Sikh Männer, da dieser Name bislang nur für die Hindu Kriegerkaste reserviert war. Da man die Kastenzugehörigkeit am Familiennamen erkennen konnte, wurden alle Sikhs durch den gemeinsamen Namen Singh zu einer einzigen großen Familie. Gleichermaßen erhielten alle Sikh Frauen den Namen *Kaur* (Prinzessin). Das kennzeichnende äußere Erscheinungsbild der Khalsa Religion sind das ungeschorene Haar und der Bart. Sowohl langes Haar als auch ungeschnittene Bärte waren unter den indischen Asketen schon seit langem zur Tradition geworden. Guru Gobind Singh machte dann ein Gebot daraus, um damit das Ideal der asketischen Heiligkeit zu betonen und gleichzeitig eine Armee von *Snt-Sipaahis* (Soldaten-Heilige) aufzustellen.

Guru Gobind Singh gab der Sikh Religion ihre vollendete Form. Er deklarierte die Institution des Guru fortan als aufgehoben und bezeichnete sich selbst als den letzten der Gurus. Nach seinem Tode sollten sich die Sikhs ausschließlich nach dem Granth Sahib orientieren, dem Symbol aller zehn Gurus und ihrer Lehren. Dem heiligen Buch ließ Gobind noch die Hymnen seines Vaters hinzufügen. Obwohl er selbst ein ergiebiger Schriftsteller war, verzichtete er darauf, seine eigenen Texte in das Granth Sahib aufnehmen zu lassen. Eine Sammlung seiner Schriften erschien später unter dem Titel *Dasam Granth* (Das Buch des zehnten Gurus). Obgleich es mit Respekt und Anerkennung gelesen wurde, blieb das Granth Sahib die höchste Autorität. Auf diese Weise blieben die pazifistischen Lehren Nanaks und der anderen Gurus in dem heiligen Buch die Grundlage des Sikh Glaubens. Die Ausübung der Khalsa hingegen beruhte einzig und allein auf den kriegerischen Überlieferungen des Guru Gobind, die ihren Ausdruck in den inspirierenden Texten des Dasam Granth fanden. Sikhs, die die grundlegenden Änderungen Gobinds nicht akzeptierten, wurden als *Sahaj Dhari* beschrieben (diejenigen, die Zeit brauchten, bis sie den neuen Glauben akzeptieren konnten, oder jene, die die Sache nicht so ernst nahmen). Heute zählen sich Millionen von Punjabi Hindus und Sindhis, besonders Amilen, zu der Gemeinschaft der Sahaj Dhari Sikhs.

Guru Gobind Singh hatte mit seinen Vorbereitungen für eine militärische Karriere bereits vor der ersten Taufzeremonie in Anandpur im Jahre 1699 begonnen. Er ließ eine Kette von Festungen erbauen und stationierte dort sowohl Pathan Söldner als auch seine eigenen Soldaten. Er führte dann auch öfters Kriege mit seinen benachbarten Landesfürsten und zog damit das Interesse moslemischer Herrscher auf sich. Im Jahre 1701 belagerten die Gouverneure von Sirhind und Lahore die Festung von Anandpur, die nach drei Jahren erbitterten Kampfes fiel. Der Guru konnte noch rechtzeitig fliehen, aber seine Mutter und zwei seiner Söhne im Alter von neun und zehn Jahren wurden gefangen genommen. Als der Gouverneur von Sirhind dann die beiden Kinder hinrichten ließ, starb die Mutter vor Schmerz und Kummer. Später wurde der Guru noch einmal bei Chamkaur von den Mogul Armeen umzingelt. Viele seiner treuesten Anhänger sowie seine beiden übriggebliebenen Söhne verloren dort ihr Leben. „Was macht das aus, wenn vier sterben“, schrieb Gobind, „solange noch tausend weiterleben, um den Kampf fortzusetzen.“ Als moslemischer Fakir verkleidet gelang es dem Guru, die Umzingelung des Feindes zu durchbrechen. Bei Muktsar in der Nähe von Ferozepur konnte er die Vortruppen seiner Mogul Verfolger auseinandertreiben und die Flucht fortsetzen. Er kam ganz nahe an Delhi vorbei und floh weiter in Richtung Süden, wo er sich im Dekkan mit dem neuen Mogul Kaiser Bahadur Shah traf, der ihn um Hilfe gegen seine Brüder gebeten hatte.

In seinen Feldzügen konnte Guru Gobind Singh niemals mit spektakulären Siegen aufwarten. Mit Ausnahme einiger unbedeutender Schlachten, in denen er regionale Anführer besiegte, war er meistens in aussichtslose Kämpfe verwickelt. Sein tatsächlicher Erfolg lag darin, daß er „dem Spatzen zeigte, wie man einen Falken jagt“, und wie „ein einzelner Mann erfolgreich gegen eine ganze Legion kämpfen kann“. Seine Anhänger waren ja im Grunde bescheidene Bauern und furchtsame Händler, die, ehe sie in diese Abenteuer verwickelt wurden, schon beim bloßen Anblick afghanischer und pathanischer Stammesangehöriger zu Tode erschraken. Trotz aller Niederlagen und Rückschläge jedoch konnte die Entschlossenheit des Gurus seine Feldzüge gegen die Unterdrückung der Moguls fortzusetzen, durch nichts beeinträchtigt werden. Sein Glaube an einen endgültigen Sieg blieb unerschütterlich. Das zeigte sich auch, als der Kaiser Aurangzeb, im Glauben daß der Verlust zweier Söhne und das ständige Gejagtwerden den Guru müde gemacht hätten, ihn zu sich nach Delhi rief. Der Guru beantwortete diese Vorladung mit einem langen persischen Gedicht, dem *Zafarnama* (Siegesbrief). Darin zählte er die ganzen Missetaten der Moguls auf und fügte herausfordernd hinzu: „Was nützt es, ein paar Funken auszulöschen, wenn dabei eine riesige Flamme entsteht?"

Seinen Lebensabend verbrachte Gobind im Dekkan zusammen mit dem Kaiser Bahadur Shah, der nach Aurangzeb den Thron von Delhi bestieg und dem Guru freundlich gesinnt war. Der Tod Gobinds kam plötzlich und unerwartet, als ihn einer seiner moslemischen Diener während einer Übernachtung in der Kleinstadt Nanded ermordete.

Gobind Singh hinterließ seiner Gefolgschaft kein Königreich. Er legte jedoch das Fundament für die militärische Macht der Sikhs, indem er eine Tradition tollkühner Tapferkeit schuf, die die Sikh Soldaten von allen anderen mit Abstand hervorhob. Wie ihr Guru, waren die Sikhs von ihrem Glauben so überzeugt, daß es für sie keinen schöneren Tod geben konnte, als auf dem Schlachtfeld für ihn zu sterben:

Mit flehenden Händen bitte ich um diese Gunst:
Wenn für mich die Zeit zum Sterben naht,
laß mich beim heftigsten Kampfe fallen.

Woran glauben die Sikhs?

An einen Gott

Sikhs sind Monotheisten und glauben, daß es nur einen einzigen Gott gibt, der über der Zeit und über dem Kreislauf von Geburt, Tod, und Wiedergeburt steht. Er ist unsterblich, allwissend und allgegenwärtig. Man kann ihn weder als Statue in Stein festhalten noch als Übermensch darstellen. Er ist die absolute Wahrheit. Guru Nanak drückte dies sehr deutlich in dem *Japji* aus, einem Morgengebet, das er selbst geschrieben hatte. Es beinhaltet das Wesentliche des Sikh Glaubens und wird deshalb *Mool Mantra* (Ursprung des Glaubens) genannt.

Es gibt nur einen Gott.
Er ist die absolute Wahrheit.
Er, der Schöpfer,
ist ohne Furcht und ohne Haß.
Er, der Allgegenwärtige,
durchdringt das Universum.
Er wurde niemals geboren.
Er wird niemals sterben, um wiedergeboren zu werden.

Lange vor der „Zeit"
existierte bereits die „Wahrheit".
Als die Zeit mit ihrem Ablauf begann,
war Er die „Wahrheit".
Selbst jetzt ist Er die Wahrheit.
Die Wahrheit wird ewig herrschen.

Der feste Glaube an die Einheit Gottes wiederholt sich in den Schriften der anderen Gurus. Die Sikhs bedienen sich sowohl hinduistischer als auch moslemischer Namen für Gott, wie zum Beispiel Rama, Hari, Govind, Murari oder auch Rabb und Rahim. Aber der von den

Sikhs am meisten gebrauchte Name für Gott ist *Wah Guru* (Großer Guru) oder, wörtlich übersetzt, ‚wunderbarer Lehrer'.

In der Sikh Religion hat Gott weder Form noch Substanz, und deshalb lehnt sie auch jegliche Verehrung von Götzen strikt ab. Amar Das, der dritte Guru, schrieb folgendes:

Diejenigen, die fremde Götter verehren,
verdammt sei ihr Leben, verdammt ihre Wohnstätten.
Vergiftet sei jeder Bissen ihres Essens,
verseucht sei jedes Stück ihrer Kleidung.
Elend sei ihr Leben auf Erden,
ihrem Tod folge die Hölle.

Guru Gobind Singh kritisierte alle Formen des Fetischismus:

Manche verehren Steine und tragen sie auf dem Kopf.
Manche den Phallus und hängen sich dessen Sinnbild um den Hals.
Manche verehren ihren Gott dem Süden zugewandt.
Andere neigen ihre Köpfe in Richtung Westen.
Manche verehren Abbildungen,
andere beten zu den Toten.
So hat sich die Welt im falschen Ritual festgefahren,
und das Geheimnis Gottes bleibt ungeklärt.
So hat sich die Welt im falschen Ritual festgefahren,
und das Geheimnis Gottes bleibt ungeklärt.

Im Sikh Glauben sind Flüsse, Berge oder andere Orte niemals heilig. Nanak sagte einmal: „Ein Bildnis verehren, zu einem Schrein pilgern, in der Wüste bleiben... Das alles ist sinnlos, wenn das Herz nicht rein ist." Obwohl die Sikhs keine Stätten heiligen, pilgern sie doch zu Tempeln, die für ihre Gurus von Bedeutung waren, und gedenken dort deren Geburts- und Todestage. Obgleich sie daran festhalten, daß Gott weder Form noch Substanz hat und über dem menschlichen Verständnis steht, glauben sie doch, daß man Gott erfassen kann, wenn man seinen Geboten folgt und ein gerechtes Leben führt. Guru Nanak drückte dies im ersten Vers seines Morgengebetes so aus:

Nicht durch Denken allein
kann man Ihn jemals begreifen,
selbst wenn man einhunderttausendmal denkt.
Nicht durch ehrwürdiges Schweigen,
nicht durch tiefe Meditation.
Obwohl das Fasten einen Reichtum von Tugenden mit sich bringt,
kann es doch den Hunger nach Wahrheit nicht stillen.
Nein, keiner dieser Wege,
auch nicht einhunderttausend andere,
können jemals zu Gott führen.
Wie sonst kann man die Wahrheit erfahren?
Wie den Schleier falscher Illusionen zerreißen?
Oh Nanak: Es steht in der heiligen Schrift.
Gehe deinen Weg der Gerechten.

In der Sikh Religion gibt es weder Fatalismus noch irgendeine passive Hinnahme einer prädestinierten Zukunft. Nanak pflegte zu sagen: „Deine Zukunft liegt allein in deinen Händen.“ Ein besonderes Merkmal der Sikh Religion ist der Glaube an konkrete Taten, an aktives Mitwirken sowohl im täglichen Leben als auch hinsichtlich einer späteren Erlösung. Nanak vertiefte sich in ländliche Gleichnisse und schrieb:

Wie ein Gespann von Ochsen werden wir
von unserem Lehrer, dem Pflüger, gelenkt.
Durch die entstehenden Furchen werden unsere Taten
in die Erde, unser Papier, niedergeschrieben.
Die Schweißperlen fallen dem Pflüger herab
wie die Samen, die er sät.
Wir ernten, was wir gesät haben.
Etwas davon behalten wir,
etwas verschenken wir an andere.
Oh Nanak, wahrlich, das ist die richtige Art zu leben.

Der Sikhismus akzeptiert die Hindu Theorie des Karma und der Seelenwanderung von einem Leben in das nächste bis zur Vereinigung mit Gott. Der einzige Unterschied liegt in der Betonung menschlichen Handelns als Ausweg aus dem Teufelskreis von Leben, Tod und Wiedergeburt. Die Sikhs glauben, daß der Mensch die vollendetste Form des Lebens darstellt. Deshalb ist die Zeit, in der man in menschlicher Gestalt lebt, die einzig passende, um den Kreislauf der Seelenwanderungen zu durchbrechen. „Jetzt, wo dir die Gestalt des Menschen gegeben wurde“, sagte Guru Arjun, „mußt du Gott begegnen.“ Alles, was man während seiner Zeit des Menschseins getan hat, bestimmt, ob man dazu verdammt wird, 8 400 000 (eine willkürliche Zahl) Formen des Lebens zu durchwandern, oder ob man durch eine Verschmelzung der eigenen Seele mit Gott erlöst wird. Nanak schrieb:

Er, der die Nacht und den Tag geschaffen hat,
die Wochen, Monate, und Jahreszeiten,
Er, der die Brisen wehen, und das Wasser fließen ließ,
Er schuf das Feuer, die Unterwelt,
und die Erde, den Tempel der Gerechtigkeit.

Er, der die unterschiedlichsten Lebewesen schuf,
ihnen eine Vielfalt von Namen gab,
erließ auch dieses Gesetz:
Nach deinen Gedanken und Taten wirst du beurteilt,
denn nur Gott ist gerecht.
Er ist die Wahrheit.

In seiner Nähe versammelt Er die Auserwählten,
Gott selbst will ihre Taten ehren,
die guten, welche Früchte trugen,
unterscheiden von den schlechten,
die im Keime erstickten.
Dies, oh Nanak, wird hiernach geschehen.

Beten und gerechtes Handeln sind untrennbar miteinander verknüpft. Eine große Rolle in der Sikh Religion spielt auch *Naam Japana*, die Wiederholung des Namens. Religiöse Sikhs verbringen einen Großteil ihrer Zeit damit, die Hymnen des Granth Sahib zu rezitieren. Sie hören auch regelmäßig morgens und abends den Berufssängern zu, die in den Gurdwaras ihre *Keertan* (Hymnen) singen. Sehr oft wiederholen sie auch den Namen Gottes und zählen dabei die Perlen ihrer Gebetsketten. Der beliebteste Gesang ist *Satnaam, Wah Guru* (der wahre Name, der wunderbare Guru). Die ständige Wiederholung des Namens des Gurus befreit den Geist von unfrommen Gedanken und reinigt die Seele.

Nanak schrieb:

So wie mit Schlamm beschmierte Hände und Füße
durch Wasser gesäubert werden,
so wie Kleider schwarz von Schmutz
durch Seife wieder weiß werden,
so wird die von Sünden befleckte Seele
einzig durch das Gebet wieder rein.
Durch Worte allein wird niemand zum Heiligen
oder zum Sünder.
Es zählen nur die Taten.
Wir ernten nur das, was wir gesät haben.
Oh Nanak, werde erlöst,
oder deine Seele wird für immer wandern.

An den Guru

Sikhs glauben an die Pflicht des Gurus, seinen Anhängern den richtigen Weg zu weisen. „Sobald man den Guru trifft, verfliegen jegliche Zweifel, und ziellose Gedanken werden eingedämmt", sagte Nanak. Heute sind die zehn Gurus durch das Granth Sahib vergegenwärtigt. Jeder um Rat suchende Sikh muß sich an das heilige Buch wenden, da es die einzige Quelle ist. Trotzdem ist es allgemein üblich, sich Ratschläge und seelischen Trost bei den Geistlichen *(Saadh-Sangat)* zu holen. Die Sikhs glauben nicht, daß ihre Gurus die Verkörperung Gottes waren. Die Gurus sagten selbst, sie wären nur Menschen, und man dürfe sie daher weder als Gott verehren noch anbeten. „Ich kam auf natürliche Weise zur Welt und werde sie wieder verlassen, sobald Gott es so will", sagte Nanak. Guru Gobind Singh, der viele der religiösen Khalsa Riten eingeführt hatte, war sich der Gefahr einer Anbetung oder Verehrung seiner Person bewußt. Er beschrieb seine Aufgabe mit folgenden Worten:

Obwohl meine Gedanken sehr oft zu Füßen des allmächtigen Gottes
tief im Gebet versunken waren, wurde ich nur dazu berufen,
eine Sekte zu gründen und deren Regeln festzulegen.
Wer mich jedoch als Gott ansieht,
der wird vernichtet und verdammt.
Ich bin – und daran lasset niemals zweifeln –
ich bin ebenso ein Diener Gottes
wie andere Menschen auch;
ein Betrachter des Wunders der Schöpfung.

Guru Gobind Singh war genauso energisch, wenn es darum ging, die Ansprüche anderer auf Göttlichkeit zu widerlegen:

Gott hat weder Freunde noch Feinde.
Er braucht keine Loblieder und
kümmert sich nicht um Verfluchungen.
Er ist der Erste. Er ist zeitlos.
Wie könnte Er sich da offenbaren durch Menschen,
die geboren werden und sterben?

Die Sikhs erkennen weder eine lebende Person als Guru an, noch verleihen sie der Priesterschaft einen besonderen gesellschaftlichen oder religiösen Status. Es gibt keine Oberhäupter der Sikh Religion, und jeder Erwachsene, männlich oder weiblich, darf alle religiösen Handlungen und Zeremonien ausüben. In Städten mit einer sehr großen Sikh Einwohnerschaft stellt die Gemeinde oft professionelle Vorleser des Granth *(Granthis)* und Sänger *(Raagis)* gegen ein Entgelt ein.

An das Granth Sahib

Das von dem fünften Guru Arjun zusammengestellte Granth Sahib ist auch unter der Bezeichnung *Adi* (erstes) Granth bekannt, um es von Guru Gobind Singhs Werk *Dasam Granth* zu unterscheiden. Das Granth Sahib ist ein einzigartiges religiöses Dokument. Wahrscheinlich ist es auch die einzige religiöse Schrift der Welt, die Aufsätze und Gedichte Andersgläubiger beinhaltet und heiligt. Damit ist es auch die einzige überkonfessionelle heilige Schrift, die heute noch erhalten ist. Sie enthält die Aufzeichnungen der Geistlichen und Dichter im Original für die Nachwelt.

Das Granth ist ein sehr umfangreiches Buch mit über 6 000 Versen. Seine Sprache ist die der damaligen Zeit, wie sie von den Religionslehrern in ganz Indien benützt wurde. Sie hieß *Santbhasha* und war von dem Punjabi der 15. und 16. Jahrhunderte geprägt. Die Strophen sind in keiner logischen oder nach Themen geordneten Reihenfolge arrangiert, sondern nach den Takten *(Ragas)* klassischer indischer Musik. Der Grund dafür ist, daß sie ursprünglich zum Singen gedacht waren.

Für die Sikhs ist das Granth Sahib das einzige Objekt religiöser Verehrung. Man liest es tagtäglich in allen Tempeln und besseren Haushalten. Zu besonderen Anlässen wird das Buch ohne Unterbrechung in seiner vollständigen Ausgabe von einer sich ablösenden Gruppe vorgelesen. Für dieses ununterbrochene Gebet *(Akhand Path)* benötigt man zwei Tage und Nächte. Wenn keine auswärtige Hilfe verfügbar ist, findet eine sieben Tage andauernde Lesung *(Saptah Path)* im Familienkreis zu Hause statt.

Obwohl das Granth als heilig gilt, ist es nicht dem Idol eines Hindu Tempels oder den Bildnissen Jesu oder der Jungfrau Maria in der katholischen Kirche gleichzusetzen. Das Granth ist die Quelle, der Ursprung des Gebets, und nicht dessen Objekt. Die Sikhs verehren es, weil es die Schriften ihrer Gurus und anderer hoch angesehener Heiliger enthält. Für die Sikhs ist es eher ein Buch religiöser Weisheit, das aber nicht das Wort Gottes ausdrückt.

An das Sangat

Das *Sangat* (die Gemeinde) ist für Sikhs von ebenso großer Bedeutung wie das *Sangha* für Buddhisten. Die Gurus verurteilten das Kastensystem der Hindus besonders scharf, weil es die Gesellschaft in unterschiedliche Klassen einteilte und dabei die Unberührbaren von jeglichen Zuwendungen ausschloß. Für Sikhs ist ausschließlich die Gemeinde (Sangat) für die Gesetzgebung maßgebend. Ein Beschluß, der von den gewählten Vertretern der Gemeinde gefaßt wurde, gilt als *Gurumata* (Anordnung des Gurus).

Das Granth Sahib enthält viele Verse, die das Kastensystem verurteilen.

Nanak sagte darüber folgendes:

Selbst unter den Noblen gibt es Unwürdige,
und unter den Geächteten gibt es Reine.
Die einen sollte man vermeiden,
den anderen jedoch Ehrerbietung erweisen.

Angad, der zweite Guru, sagte:

Die Hindus behaupten, es gäbe vier Kasten;
tatsächlich entstammen alle derselben Herkunft.
Das ist genau wie beim Ton, aus dem Töpfe gemacht werden:
Der Ton bleibt immer derselbe,
nur die Formen verändern sich.
Genauso besteht der Mensch aus fünf Elementen.
Wie kann eines davon besser oder schlechter sein
als das andere?

Die meisten der Gurus hatten sowohl moslemische Freunde (was für einen Hindu undenkbar wäre) als auch Umgang mit Hindus aller Kasten. Gobind, der letzte Guru, bemühte sich sehr darum, das Kastenbewußtsein seiner Anhänger auszulöschen. Er wollte die vier Kasten genauso vermischen wie die Betelblattverkäufer ihre Zutaten.

Die Gurus mißbilligten nicht nur die Rassentrennung des Kastensystems, sondern auch die Sitten und Bräuche, die es nach sich zog. So war zum Beispiel die Heiligkeit von Küche und Nahrungsmittel ein wichtiger Bestandteil des Kastensystems, das die Hindus aber unter dem Deckmantel der Hygiene zu verbergen suchten. In einem oft zitierten, wunderschönen Vers sagte Nanak:

Wenn wir sagen: „Dies ist rein, jenes unrein",
sollten wir daran denken, daß Leben überall enthalten ist,
auch wenn man es von außen nicht sofort erkennt.
Im Holz und Kuhmist leben Würmer;
Leben verbirgt sich auch in den gemahlenen Körnern des Brotes.
Lebewesen geben dem Wasser seine grüne Farbe.
Wie kann man sauber sein, wenn Verunreinigungen
durch die ganze Küche fließen?
Die Unreinheit des Herzens ist die Gier;
die der Zunge ist die Lüge.

Unreinheit ist verlangen nach dem Reichtum des anderen,
dessen Ehefrau, deren Anmut.
Die Unreinheit der Ohren ist das Anhören von Verleumdungen.

Die Sikh Kampagne gegen das Kastensystem war nur zum Teil erfolgreich. Obwohl alle Sikhs das Recht haben, ihre Gurdwaras zu besuchen (wo sie beisammen sitzen, essen und feiern), wird unter der Landbevölkerung weiterhin gegen die Sikh Harijans oder Mazhbis (die Unberührbaren) diskriminiert. In den „oberen" Kasten der Sikhs hingegen wird mit Ausnahme des Heiratens kein oder nur wenig Unterschied gemacht. Nach dem heutigen „Kastensystem" sind Sikhs in drei Gruppen eingeteilt: die Landwirte *(Jats)*, die Nicht-Landwirte und die Harijans. Diese Kastenzugehörigkeit ist von der Geburt abhängig, da man in eine Kaste hineingeboren wird. Das Sikh „Kastensystem" wird aber bei weitem nicht so streng gehandhabt wie das der Hindus.

Die Hindu Gewohnheit, allem Weltlichen den Rücken zu kehren und sich in die einsame Wildnis zurückzuziehen *(Vanaprastha)*, wurde von den Gurus nicht sehr geschätzt. Ebensowenig billigten sie die Askese, das Zölibat und das Peinigen des eigenen Körpers. Alle Gurus führten normale Familienleben und erfüllten ihre Pflichten als Ehemänner und Väter. Ein rechtschaffenes Leben zu führen hatte für sie nur dann einen Sinn, wenn dies innerhalb einer Gemeinschaft geschah. Ihr Ideal war es, Heiligkeit durch das Wirken innerhalb der Gesellschaft zu erlangen – *Raj Me Jog:* Auf der Erde gegenwärtig zu sein, ohne deshalb eine weltliche Gesinnung zu hegen. Hierzu schrieb Nanak:

Die Lotusblüte im Wasser ist nicht naß;
auch nicht die Wasservögel im Fluß.
Möge der Mensch leben, ohne daß ihn die Welt berühre,
meditierend, und den Namen Gottes, des Allmächtigen,
wiederholend.

Guru Gobind Singh verurteilte die Askese auf eine sehr direkte Art und Weise. Für ihn war ein Yogi, der zur Buße stundenlang auf nur einem Bein stand, wie ein Kranich, der ein Auge schloß, um tiefe Versunkenheit im Gebet vorzutäuschen, dabei aber mit dem anderen Ausschau nach appetitlichen Fröschen hielt. Gobind kritisierte auch die Sitte, Essensweisen wie den Vegetarismus als Bestandteil einer Religion zu deklarieren. „Übe die Askese so aus":

Laß den Wald deine Behausung sein;
der Eremit sei dein Herz.
Iß wenig, schlafe wenig.
Lerne zu lieben, Erbarmen zu haben und zu verzichten.
Sei sanft, sei geduldig.
Sei weder lüstern noch zornig,
weder gierig noch starrsinnig.

Der Glaube Guru Nanaks und der ersten fünf Gurus war ausschließlich pazifistisch. Da ihre Aufzeichnungen den Großteil der heiligen Schriften der Sikhs darstellen, kann man sagen, der Sikh Glaube ist eine Religion des Friedens und der Demut. Erst mit der Hinrichtung der fünften und neunten Gurus und den anschließenden barbarischen Verfolgungen änderten die Sikhs ihre friedfertige Tradition und begannen damit, Vergeltung zu üben – Schlag um Schlag. Guru Gobind Singh gab diesem Wandel seine philosophische Rechtfertigung: „Wenn alle anderen Mittel nicht ausreichen, dann muß man letztlich zum Schwert greifen."

Wie die Sikhs Herrscher des Punjab wurden

Während Guru Gobind Singh sich im Dekkan aufhielt, traf er einen Hindu Eremiten namens Lachman Das. Der Guru taufte ihn, gab ihm den Namen Banda Singh Bahadur und machte ihn zu seinem Jünger. Darüber hinaus beauftragte er ihn noch mit der Führung der Khalsa. Banda verließ den Dekkan und reiste in den Punjab, wo er die Sikhs zum Kampfe aufrief. Die seit der Ermordung ihres Guru und dessen kleiner Kinder nach Rache dürstenden Sikhs strömten in Scharen herbei, um Bandas Aufruf zu folgen. Unter seiner Führung überrannten sie die südöstlichen Provinzen und nahmen die Stadt Sirhind ein (1710), die sie dann dem Erdboden gleichmachten. Alle Bewohner, einschließlich des Gouverneurs, der die Hinrichtung der Söhne des Guru angeordnet hatte, wurden dann mit dem Schwert getötet. Von Sirhind aus marschierten die Sikhs erst in Richtung Norden nach Ludhiana, Jullundur, Hoshiarpur, und Pathankot. Danach ging es südostwärts nach Karnal und über den Yamuna Fluß weiter nach Saharanpur. Wohin sie auch kamen, schlugen sie die Moguln in die Flucht, ermordeten Beamte und plünderten die Städte. Auf diese Weise wurde Banda innerhalb weniger Jahre Herrscher über den größten Teil des Punjab.

Die moslemische Bevölkerung Nordindiens wurde durch diese Ereignisse zu Tode erschreckt und rief sofort zum Heiligen Krieg *(Jihaad)* auf, um die Sikhs endgültig zu vernichten. Kaiser Bahadur Shah stellte seinen Kampf gegen die Rajputs und die Marathas ein und kehrte in die Hauptstadt zurück. Durch einen Erlaß verbot er den Sikhs ihr Bestehen als Religionsgemeinschaft und hieß alle nicht-moslemischen Angestellten im kaiserlichen Dienst ihre Bärte abzurasieren. Die Mogul Armeen rückten daraufhin von zwei Seiten in den Punjab ein und veranlaßten Banda, sich unauffällig in die Berge zurückzuziehen. Sobald Bahadur Shah und sein Gouverneur den Punjab wieder verlassen hatten, besetzte Banda den südlichen Teil des Punjab von neuem.

Das Schicksal wandte sich allerdings gegen Banda. Der Nachfolger Bahadur Shahs, Farrukhsiyar, befahl den Gouverneuren von Lahore und Jammu, gegen den Khalsa Führer zu Felde zu ziehen. Ein großer Teil der Sikhs verließ Banda, weil er vermutete, daß dieser der elfte Guru werden wollte. Die Soldaten der Moguln umzingelten Bandas Truppen und hungerten ihn aus, bis er sich ergeben mußte. Er, seine Familie und Hunderte seiner Soldaten wurden in Ketten nach Delhi gebracht, wo sie auf die unmenschlichste Art gefoltert und schließlich öffentlich enthauptet wurden. Am neunten Juni 1716 zwang man Banda, seinen kleinen Sohn zu töten, und enthauptete kurz danach den Vater in Mehrauli.

Nach dem Tode Bandas ging es den Sikhs viele Jahre lang sehr schlecht. Die moslemischen Gouverneure des Punjab waren fest entschlossen, die Sikhs auszurotten, und befahlen die sofortige Hinrichtung jeder Person, die langes Haar und Bart trug. Ein zeitgenössischer persischer Chronist verglich damals die ausgedehnte Steppe des Punjab mit einem von Blut überströmenden Teller. Der Harimandir Tempel in Amritsar wurde in die Luft gesprengt, und Tausende von Männern, Frauen, und Kindern schlachtete man einfach ab. Die übriggebliebenen Sikhs verließen die Ebene und flohen in die Ausläufer des Himalaya, um dort auf bessere Zeiten zu warten.

Endlich wandte sich das Schicksal wieder zugunsten der Sikhs. Die Mogul Regierung wurde durch Aufstände der Jat Stämme aus der Umgebung von Delhi sowie Überfälle der Marathas aus dem Süden geschwächt. Darauf folgte im Jahre 1738 eine Invasion des Nadir Shah, die die Regierung von Delhi fast gänzlich außer Kraft setzte. Zwischen 1748 und 1768 erfolgte dann eine Serie von Invasionen durch Ahmed Shah Abdali. Beide, Nadir Shah und Abdali, gaben nicht nur den Mogul den Todesstoß, sondern vernichteten auch die Macht der Jats und Marathas. Vielleicht noch wichtiger für die Sikhs war jedoch die Tatsache, daß sie die Autorität der moslemischen Gouverneure des Punjab gänzlich ausschalteten. Die Sikhs gingen den Invasoren stets aus dem Wege und begnügten sich damit, die sich zurückziehenden Truppen aus dem

Hinterhalt anzugreifen, ihnen ihre Beute abzunehmen und ihre Hindu Gefangenen auf freien Fuße zu setzen. Nadir Shah war von den kriegerischen Leistungen der Sikhs äußerst beeindruckt. Er sah, wie die Sikhs auf ihren Pferden aus dem Dschungel hervorbrachen, ihre Flinten abfeuerten und sofort wieder verschwanden, ehe seine eigenen Soldaten ihre Gewehre überhaupt laden konnten. Er befragte den Gouverneur des Punjab über die Sikhs, worauf dieser antwortete: „Ihr Zuhause ist ihr Sattel. Sie sind Fakire, die den Teich ihres Guru zweimal im Jahr besuchen, ein Bad darin nehmen, und danach wieder verschwinden." Nadir Shah warnte ihn: „Paß auf! Es wird nicht lange dauern, bis sie dein Land besitzen."

Nadir Shah sollte recht behalten. Sikh Angriffe auf Abdalis Truppen wurden immer waghalsiger. Dreimal besetzten sie die Großstadt Lahore, während Abdali anderweitig beschäftigt war. Dann aber stürzte dieser sich wie ein Rasender auf sie. Am fünften Februar 1762 überraschte er Sikh Truppen bei Malerkotla und metzelte über 20 000 von ihnen nieder. Diese schreckliche Niederlage bleibt den Sikhs als *Wadda Ghallughara* oder das „Große Massaker" in Erinnerung. Es reichte jedoch nicht aus, um die Sikhs auszurotten. Einige Monate nach Wadda Ghallughara besiegten sie die Afghanen bei Amritsar und besetzten nochmals den südlichen Punjab. Zwei Jahre später fiel Abdali wieder über sie her. Diesmal standen ihm die Sikhs im offenen Kampf in der Nähe ihrer Heiligen Stadt gegenüber und zwangen ihn zum Rückzug. Bei seiner letzten Invasion Indiens im Jahre 1768 trieben sie seine Truppen bis hinauf nach Peshawar und besetzten dabei auch gleich das nördliche Punjab. Es sprach sich bald herum, daß der Kampf gegen die Sikhs dem Versuch gleiche, das Wasser mit dem Schwert zu teilen.

Einer der Gründe, warum die Sikhs ihre Macht so rasch vergrößern konnten, lag darin, daß sich unter ihnen eine hervorragende Gruppe von Führern herausbildete, die eine einzigartige militärische Organisation aufbauten. Die besten dieser Männer waren Nawab Kapur Singh, Jassa Singh Ahluwalia und Jassa Singh Ramgarhia. Kapur Singh erkannte, daß eine erfolgreiche Kriegführung gegen die Moguln und andere Eindringlinge aus dem Nordwesten eine Aufteilung der Streitkräfte in verschiedene, voneinander unabhängige Einheiten voraussetzte, wobei jede für ein bestimmtes Gebiet verantwortlich war. Dadurch entstanden zwölf *Misls* oder Milizen. Die größte von ihnen, die der Bhangis, bestand aus 20 000 berittenen Soldaten, während die kleineren oft nur aus ein paar hundert Mann zusammengesetzt waren. Anfangs waren die Misls eine militärische Brüderschaft mit demokratischen Prinzipien. Jeder Soldat konnte sich an den Beratungen beteiligen und erhielt den gleichen Anteil der Beute wie seine Vorgesetzten. Zweimal im Jahr, beim *Baisakhi* Fest im Frühjahr und dem *Diwali* im Herbst, tagte die Sarbat Khalsa, eine Versammlung aller Milizen, in Amritsar, wobei eine Bilanz der Erfolge und Niederlagen gezogen und Pläne für die Zukunft gemacht wurden. Die Sikhs begnügten sich nicht mit einzelnen Gefechten gegen die Moguln und Afghanen, sondern konsolidierten ihre Stellungen in den entfernt gelegenen Bezirken, indem sie eine Kette von Festungen errichteten und den Dörfern und Städten unter ihrer Kontrolle Steuern abverlangten. Nach dem Tode Nawab Kapur Singhs übernahm Jassa Singh Ahluwalia die Führung der Milizen. Jassa Singh fühlte sich stark genug, um Lahore einzunehmen, und machte es zu seiner Hauptstadt. Unter seiner Führung reichte die Macht der Sikhs von den Ufern des Indus im Westen bis zum Ganges im Osten und von den Himalayas im Norden bis zu der Sindwüste im Süden. Mit großem Stolz prägte man daher Münzen im Namen der Misl-Konföderation mit folgender Inschrift:

Mit dem Segen Gottes und dem Schwert zum Sieg!
Das ist die Anordnung Nanaks und des Guru Gobind.

Der demokratische Charakter der Misls war nur von kurzer Dauer. Bald nachdem sie die Moguln enteignet und sich selbst zu Landbesitzern gemacht hatten, wurden die Führungspositionen erblich. In dieser Zeit entstand auch der Phulikan Stamm, aus dem die Sikh Herrscherfamilien des Punjab hervorgingen: die Patiala, Nabha, Jind, Faridkot, und Kalsia. Die Nachkommen Jassa Singh, Ahluwalias waren die Herrscher von Kapurthala. Sobald Sikhs jedoch in den Besitz von Land und Eigentum gelangten, gerieten sie untereinander in Streit. Trotzdem gelang es Ranjit Singh, das Misl-System abzuschaffen und alle Sikhs in einem mächtigen Königreich zu vereinen.

Das Sikh Königreich unter Ranjit Singh

Ranjit Singh ist die bedeutendste Person in der Geschichte der Sikhs und mit Ausnahme von Guru Gobind Singh ihr meistverehrter Krieger. Als sein Vater fiel, war Ranjit erst zehn Jahre alt. Die Ländereien, in deren Besitz er durch Erbschaft und Heirat gelangte, wurden in seinem Namen von seiner Schwiegermutter Sada Kaur, einer sehr tüchtigen, klugen Dame, verwaltet. Als er siebzehn Jahre alt wurde, übernahm Ranjit selbst die Verwaltung seines Besitzes.

Ranjit Singh war ein äußerst ehrgeiziger Mann, der genau wußte, was er wollte und die Kühnheit besaß, jede Gelegenheit für sich zu ergreifen. Im Juli 1799 verließ er seine Heimatstadt Gujranwala, nahm Lahore ein und machte es zu seinem Hauptquartier. Kurz danach übernahm er die Führerschaft der Sarbat Khalsa und besiegelte seine neuerrungene Autorität mit der Besetzung von Amritsar im Jahre 1802. Er war es auch, der den Harimandir Tempel in Marmor wieder aufbauen und die Kuppel mit Blattgold verzieren ließ. Eine Inschrift oberhalb des Portals zum Sanktum Sanktorium weist auf diese Tatsache hin. Ranjit Singh vergrößerte nach und nach seinen Herrschaftsbereich, bis dieser das ganze Gebiet zwischen dem Indus und dem Sutlej umfaßte. Eigentlich wollte er bis zum Jamuna Fluß vordringen, um somit alle Sikh Gebiete unter seine Herrschaft zu bringen. Dieses Vorhaben verhinderten jedoch die Engländer. Nun zog es Ranjit Singh, der sich seiner Grenzen wohl bewußt war, vor, auf seine Eroberungspläne weiter in Richtung Osten zu verzichten und unterzeichnete statt dessen im Jahre 1809 einen Freundschaftsvertrag mit England.

Für Ranjit Singh war die Modernisierung seiner Armee von höchster Priorität. Er nahm nur die besten Kämpfer auf, ohne jegliche Rücksicht auf deren Religions- oder Kastenzugehörigkeit. Seine neue Armee bestand aus Gurkhas, Biharis, Oriyas, Punjabi Moslems, Pathans und auch Sikhs. Für die Herstellung von Kanonen und Kanonenkugeln ließ er in Lahore Eisengießereien erbauen und bemannte sie mit speziell ausgebildeten moslemischen Scharfschützen. Außerdem heuerte er fast einhundert ausländische Ausbilder – Franzosen, Italiener, Deutsche, Iren sowie Griechen – für seine Truppen an. Sein volles Vertrauen schenkte er diesen Fremden jedoch nie und sagte: „Ob es Deutsche, Franzosen, oder Engländer sind ist ganz egal. Alle Europäer sind Gauner (Haramzaadas)!“ Daß er nicht so unrecht hatte, zeigte sich in den Kriegen, die nur zehn Jahre nach seinem Tode zwischen den Sikhs und den Engländern ausbrachen: Kein einziger ausländischer Offizier, der vorher im Dienste der Sikh Regierung gestanden hatte, kämpfte auf seiten der Sikhs. Ganz im Gegenteil: Viele von ihnen boten sich den Engländern an, während die Generäle der Sikh Armeen ausschließlich Punjabis waren: Mokham Chand, Diwan Chand, Fateh Singh Ahluwalia, Hari Singh Nalwa, Akali Phoola Singh und Oberst Shaikh Basawan. Außer diesen Männern hatte Ranjit Singh noch andere, die ihn in Staatsangelegenheiten berieten. Zu seinen wichtigsten Beratern im Ressort „diplomatische Beziehungen“ ernannte er Fakir Azizuddin und dessen zwei Brüder. Für die Verwaltung und Finanzen war Raja Dina Nath zuständig.

Ranjit Singh mußte nicht lange darauf warten, bis er seine neue Armee auf dem Schlachtfeld erproben konnte. Der Herrscher Afghanistans, Schah Shuja, wurde in Kabul entthront und bat Ranjit Singh um Hilfe. Ehe Ranjit jedoch helfen konnte, wurde Shuja gefangen genommen und nach Kashmir gebracht. Dennoch gelang es Ranjits Truppen, Shuja zu befreien und dessen Feinde bei Attcok zu besiegen. Als Belohnung dafür mußte Shuja allerdings den kostbaren Koh-i-noor Diamanten an Ranjit abgeben. Ranjit eroberte Multan und die benachbarten Gebiete im Jahre 1818. Ein Jahr später verleibte er sich das gesamte Kashmir in sein Königreich ein. Vier Jahre später erhoben sich die Stämme im Grenzgebiet und führten einen Religionskrieg gegen die Sikhs. Ranjits Armeen dezimierten die afghanischen und pathanischen Streitkräfte jedoch so sehr, daß das ganze nordwestliche Gebiet bis hin zum Khyber Paß in die Hände der Sikhs fiel.

Ranjit Singh konnte sein Gebiet nur nach Norden hin ausdehnen, weil sein Plan das Sindgebiet zu erobern von den Engländern, die die Amirstämme in „Schutz“ nahmen, vereitelt wurde. Im Norden waren aber die Pathanen und Afghanen beheimatet. Einige Zeit überlegte Ranjit ernstlich, ob er in Afghanistan einmarschieren sollte. Das paßte den Engländern natürlich überhaupt nicht. Wie bereits zuvor, waren sie auch diesmal dem Sikh Herrscher einen Schritt voraus. Die Engländer verhandelten mit Schah Shuja und „überredeten“ Ranjit Singh, den Schah in seinen Forderungen nach einer Rückkehr auf den Thron Kabuls zu unterstützen. Schließlich gab Ranjit Singh nach und unterzeichnete im Jahre 1838 einen Vertrag, in dem das letzte bislang unklar gebliebene Grenzgebiet genau festgelegt wurde. Ein Jahr später (1839) starb Ranjit Singh.

Er ist und bleibt jedoch der beliebteste Held in der Geschichte der Sikhs. Was Prithviraj Chauhan und Rana Pratap den Rajputs bedeuten, was Sivaji für die Marathas und Napoleon Bonaparte für die Franzosen sind – das ist Ranjit Singh in den Augen der Sikhs. Seine frühen Jahre waren nicht vielversprechend, und das Schicksal schien sich gegen ihn verschwört zu haben. Durch die Pocken hatte er bereits ein Auge verloren und war außerdem klein, dunkelhäutig und häßlich. Da er auf die Autorität eines Vaters verzichten mußte, vergeudete er seine Jugend und entwickelte eine Vorliebe für Wein, Frauen, und Pferde, die ihm bis zuletzt erhalten blieb. Sie hinderte ihn jedoch nicht daran, dem Ruf der Punjabis, sie in der Erfüllung ihrer historischen Aufgaben zu führen, nachzukommen. Ranjit schaffte auch die sich untereinander bekämpfenden Misls ab und vereinigte sie innerhalb der Khalsa Bruderschaft. Die bisher religiöse Grundform seines Staates säkularisierte er durch seine Vergabe einflußreicher ziviler und militärischer Posten an Moslems wie an Hindus ohne irgendeinen Unterschied. Er baute die stärkste Streitmacht Indiens auf, gebot mit ihr erstmalig in der zweitausendjährigen Geschichte Hindustans der Welle der Invasionen Einhalt und zwang die Pathanen und Afghanen, beide traditionelle Eroberer Indiens, in die Knie. Diese Errungenschaften allein waren schon mehr als ausreichend, um Ranjit einen Platz in den Herzen aller Inder zu gewährleisten. Hinzu kam aber noch Ranjit Singhs liebenswerter Charakter. Selbst am Höhepunkt seiner Macht angelangt, vernachlässigte er niemals die menschlichen Beziehungen zu seinem Volk. Dadurch vermittelte er vor allem den armen Bauern, aus deren Reihen er ja selbst hervorging, das Gefühl der Vertrautheit und Zugänglichkeit. Auch hinderten ihn die protzige Aufmachung und Herrlichkeit am Hof nicht daran, das einfache Leben vorzuziehen und stets nur schlichte, weiße Kleidung zu tragen. Er war stets höflich und bescheiden, besonders im Umgang mit religiösen Männern. Weit und breit bekannt war, daß er von seinem Thron herabzusteigen pflegte, um mit seinem langen grauen Bart den Staub von den Füßen der moslemischen Fakire abzuwischen. Es störte ihn auch nicht, wenn Soldaten, die mit ihm gekämpft hatten, ihm gegenüber unverblümt und manchmal sogar auf rauhe Weise ihre Meinung äußerten. Man erzählt, daß einmal, als Ranjit während eines Festzuges auf seinem größten Elefanten ritt, ihm Akali Phoola Singh vom Balkon aus zurief:

„He, du Einäugiger, woher hast du denn diesen kastrierten Büffel, den du reitest?" Der König faltete seine Hände im Grußzeichen und antwortete mit großer Demut: „Maharadscha, er ist eines der Geschenke, die ich von dir erhalten habe."

Es gibt noch viele andere Anekdoten, die Ranjits Bescheidenheit beschreiben. Trotzdem war er auch ein strenger, aber gerechter Herrscher. Während seiner unzähligen Feldzüge ließ er niemals mutwilliges Töten oder Plündern zu. In seinem ganzen Leben sprach er niemals ein Todesurteil aus.

Viele Male führte Ranjit Singh selbst seine Truppen im Kampf und setzte, wie jeder andere Soldat auch, in der vordersten Reihe sein Leben aufs Spiel. Obwohl er mit seinem eigenen Leben eher freizügig umging, ging er keinerlei Risiken ein, wenn es um die Sicherheit des Staates ging. Von seinem Ziel, ein mächtiges Sikh Königreich zu gründen, ließ er sich durch nichts ablenken. Dafür war ihm jedes Mittel recht – Raffinesse, List, Diplomatie, Tyrannei, Demut sowie Kompromißbereitschaft. Die folgende sehr bekannte Anekdote läßt auf seinen Charakter und den Grund für seine Erfolge schließen. Man erzählt, daß seine moslemische Lieblingskurtisane Bibi Mohran, nach deren Gesicht er eine Münze prägen ließ, ihn wegen seiner Häßlichkeit verspottete und ihn fragte: „Wo warst du, als Gott gutes Aussehen verteilte?" Worauf der Monarch ruhig und gelassen antwortete: „Ich war damit beschäftigt, meine Macht auszubauen."

Wie die Sikhs ihr Königreich verloren

Der Tod Ranjit Singhs bedeutete praktisch das Ende des Sikh Reiches. Zuerst brachen die Finanz- und Justizwesen zusammen. Steuergelder wurden nicht mehr rechtzeitig eingesammelt, und die Gehälter der Beamten und Soldaten konnten nicht ausbezahlt werden. Die Armee, die Ranjit zu einer erstklassigen Streitmacht ausgebildet hatte, verwandelte sich in ein entfesseltes Ungeheuer. Viele Europäer flohen aus dem Land, und die Punjabi Offiziere wurden zu Übungsleitern ohne jegliche Autorität degradiert. Die Führung wurde indessen von den *Panchs* übernommen, die, von den Soldaten gewählt, mit den Offizieren die „Dienstleistungsbedingungen" aushandelten. Das Chaos erreichte seinen Höhepunkt, als rivalisierende Gruppen den Thron für sich beanspruchten. Innerhalb von vier Jahren bestiegen drei Herrscher – Kharak Singh, sein Sohn Naunihal Singh und Sher Singh – den Thron und wurden alle zusammen mit ihren Anhängern und Familienmitgliedern, einschließlich Frauen und Kindern, ermordet. Im Jahre 1842 bestieg der letzte Sikh Herrscher, Ranjits jüngster, sechsjähriger Sohn Dalip Singh, mit seiner Mutter Rani Jindan als Regentin, den Thron. Das blutige Drama von Mord und Vergeltung wiederholte sich indes weiterhin innerhalb der Palastmauern. Während sich die Anzahl der Soldaten verdreifachte, blieben diese jedoch ohne Richtlinien und ohne jegliche Disziplin.

Die Engländer wußten, daß das Sikh Königreich fast am Ende war. Sie hatten es schon seit langem begehrt, waren aber von Ranjit stets daran gehindert worden, ihr Verlangen in die Tat umzusetzen. Ranjit war den Tücken der listigen Briten genauso gewachsen wie sich seine Armee mit der Stärke der britischen messen konnte. Als er starb, erfuhren die Engländer gerade schwere Niederlagen in Afghanistan und verfügten weder über die nötige Kraft noch über einen passenden Vorwand, um gegen die Sikhs zu Felde zu ziehen. Innerhalb von fünf Jahren hatte sich die Situation allerdings wieder geändert, und die Briten wurden von neuem zu Aggressoren. Sie erhöhten die Anzahl ihrer Soldaten an der Punjabi Grenze von 2 500 Mann auf 8 000, dann auf 14 000 und zuletzt auf 32 000; diese unterstützten sie mit 68 schweren Geschützen. In Meerut wurden Reserveeinheiten stationiert und die Kasernen von Ferozepur, Ambala, Kasauli sowie Simla mit Garnisonen verstärkt. Im Sommer 1845 brachten die Engländer siebzig in Bombay gebaute Dreißig-Tonnen-Boote den Sutlej Fluß aufwärts und begannen mit der Ausbildung im

Brückenbauen vor den Augen der Sikh Soldaten, die die Grenze auf der anderen Seite patrouillierten. Später kam der General-Gouverneur Sir Henry Hardinge sogar selbst in den Punjab, um zusammen mit Lord Gough, dem Oberbefehlshaber, den Feldzug gegen die Sikhs zu planen.

Die Lage der Pontonbrücke ließ die Sikhs zweifelsfrei erkennen, wo die Engländer zuschlagen würden. Sollten die Engländer jedoch den Krieg wirklich wollen, so waren die Sikhs fest entschlossen, den Kampf auf britischem Gebiet auszutragen. Am 11. Dezember 1845 überquerte die Sikh Armee den Fluß einige Meilen oberhalb Ferozepur und nahm ihre Kampfpositionen ein.

Inzwischen hatten die Briten alle Bewohner des Punjab mit Ausnahme der einfachen Soldaten der Khalsa Armee auf ihre Seite gebracht. Der königliche Hof einschließlich Rani Jindan strebten einen friedlichen Ausgleich mit den Engländern unter der Bedingung an, daß sie ihren gesamten Besitz behalten dürften. Der Sikh Ministerpräsident, der Oberbefehlshaber sowie die meisten hochrangigen Offiziere hatten ebenfalls ihre Bereitwilligkeit zur Kooperation mit den Briten zugesagt. Um so mehr waren dann die britische Armee und die verräterische Sikh Herrscherklasse überrascht, als die führungslose alte Armee Ranjit Singhs zum Angriff schritt und den Engländern in Mudki eine furchtbare Niederlage zufügte. Während der darauffolgenden drei Tage warteten die Sikhs auf den Nachschub, den ihnen ihre Kommandeure versprochen hatten, damit sie die Engländer endgültig vernichten konnten. Die Verstärkung wurde jedoch absichtlich zurückgehalten, und anstelle von Schießpulver schickte man viele Säcke mit Sand und Rapssamen. Die Engländer dagegen hatten ihre Verstärkung erhalten und besiegten die Sikhs bei Ferozeshahr. In zwei weiteren Schlachten bei Aliwal und Sabraon wurden die Sikhs ebenfalls geschlagen.

Der Kapitulationsvertrag wurde im März 1846 in Lahore unterzeichnet. Fast das halbe Königreich ging in die Hände der Briten über, die gleichzeitig Jammu und Kashmir für eine lächerliche Summe an Gulab Singh, einem Dogra Höfling Ranjit Singhs, verkauften. Der junge Dalip Singh wurde in Gewahrsam genommen und mußte den Koh-i-noor Diamanten aushändigen. In Lahore wurde dann ein englischer Verwalter, der über eine eigene Armee verfügte, eingesetzt. Lord Hardinge schrieb: „Wir müssen bedenken, daß es in dem Vertrag von Lahore niemals beabsichtigt wurde, den Punjab zu einem unabhängigen Staat zu machen. Tatsächlich ist der einheimische Prinz in Fesseln, unter unserem Schutz, und muß tun, was wir ihm sagen."

Als Rani Jindan und ihre speichelleckenden Minister endlich einsahen, daß sie von den Engländern getäuscht worden waren, war es schon zu spät, um die Folgen dieses Betrugs rückgängig zu machen. Lord Dalhousie, der Lord Hardinge als General-Gouverneur abgelöst hatte, war der Meinung, man brauche über das Recht, den Punjab zu annektieren, keine Worte zu verlieren. Hierüber schrieb er: „Meine Aufgabe ist die endgültige Zerstörung und Entkräftung der Macht der Sikhs, der Sturz ihrer Dynastie und die Unterwerfung ihres Volkes. Sie muß schnellstens, gründlichst und endgültig stattfinden."

Zum unmittelbaren Anlaß für die Annexion wurde der Aufstand des Hindu Gouverneurs von Multan. Im Grunde war dies eine unbedeutende Angelegenheit, die man ohne großen Aufhebens hätte erledigen können. Die Briten zogen es jedoch vor, sie als Aufstand der Sikhs darzustellen, um damit den nötigen Vorwand für eine Annexion vorweisen zu können. Zur großen Überraschung der Engländer kam es aber tatsächlich zu einem Sikh Aufstand. Die Briten bemühten sich nun um die Unterstützung der moslemischen Landbevölkerung, indem sie diese aufriefen, sich „in Erinnerung an ihre ermordeten Eltern, Freunde, und Verwandten" zu erheben und die Sikhs zu vernichten. Daraufhin kam es im Februar 1849 zu einer großen Schlacht bei Chillianwala. Trotz ihrer führerlosen Armee siegten die Sikhs, während die Engländer die schlimmste Niederlage ihrer Geschichte in Indien erlitten. Als die Briten schon alles verloren glaubten, kamen ihnen jedoch ihre Freunde unter den Sikhs zu Hilfe. Diese stellten ihr Feuer ein, um damit den Engländern Zeit zu geben, neue Kräfte zu sammeln und auf Verstärkung zu warten. Als es dann bei Gujarat erneut zur Schlacht kam, verloren die Sikhs und ergaben sich endgültig am 10. März 1849. Vierzehn Tage später wurde die Annexion des Sikh Königreiches durch Großbritannien offiziell bekannt gegeben.

Die Sikhs unter „Pax Britannica"

Die Engländer waren von den kriegerischen Fähigkeiten der Sikhs tief beeindruckt. Obwohl sie die Punjab Armee auflösten, boten sie den Khalsa Soldaten an, unter britischer Führung weiter zu dienen. Als Männer, die nichts anderes kannten, als in der Landwirtschaft oder im Militärdienst tätig zu sein, traten sie in großer Anzahl in die britische Armee ein. Alle Sikh Soldaten durften ihr Haar und ihren Bart weiterhin ungeschoren tragen. Neben diesem Entgegenkommen unternahmen die Briten noch einen weiteren Schritt, um die Loyalität der Sikh Bauern zu gewinnen. Während sie große *Jagirs* (Landgüter) beschlagnahmten, verteilten sie das restliche Land unter den Sikh Bauern, die ja schon immer das Rückgrat sowohl der Misls wie auch der Streitmacht Ranjit Singhs gebildet hatten. Die phulkianischen Staaten, darunter Patiala, Nabha, Jind und Faridkot, durften ihren bisherigen Umfang und Besitz sowie ihre eigenen Regierungen beibehalten. Das gleiche galt auch für Kapurthala.

Der Rat der Gouverneure, der die Regierung des Punjab bildete, veranlaßte die Wiedereröffnung alter Kanäle, den Bau neuer Straßen und Eisenbahnlinien sowie die Einführung eines Post- und Telegraphendienstes. Nach vielen Jahren der Anarchie kehrten wieder Frieden und Wohlstand in den Punjab ein. Es war daher nicht allzu überraschend, daß die Punjabis den Briten treu blieben, als sich der größte Teil der Bevölkerung Nordindiens im Jahre 1857 gegen die Engländer erhob. Die Sikhs hatten zwei gute Gründe für ihre Stellungnahme auf seiten der Engländer, als es um die Niederwerfung des Aufstandes ging. Nur zehn Jahre zuvor hatte ganz Indien die Briten mit Truppen versorgt, um einen unabhängigen Sikh Staat zu vernichten. Da waren die Biharis, Oriyas, Rajputs, Marathas und viele andere Inder, die immer auf der Seite der Engländer gegen die Sikhs gekämpft hatten. Nun konnte man auch nicht erwarten, daß die Sikhs ihre ehemaligen Feinde unterstützen würden. Außerdem sahen die Sikhs in diesem Aufstand auch keinen Unabhängigkeitskrieg. (Er war auch niemals ein solcher, selbst wenn ihn die indische Regierung hundert Jahre später entgegen allen historischen Tatsachen so bezeichnete.) Es gab keinerlei gemeinsame Zielsetzung unter den Aufständischen, weder zwischen den hinduistischen und moslemischen Rebellen noch zwischen denjenigen aus Bihar bzw. Uttar Pradesh und den Umstürzlern aus Maharashtra. Während die Marathas ihr Königreich zurückbekommen wollten, setzten sich Moslems die Wiederherstellung der Mogul Herrschaft zum Ziel und versammelten sich um den greisen Bahadur Shah. Die Sikhs hingegen hatten die Mogul Herrschaft im Punjab in schlechter Erinnerung behalten und dachten nicht im entferntesten daran, eine Rückkehr der Moguls an die Macht als Befreiung von ausländischer Vormundschaft anzusehen.

Unter den Sikhs gab es jedoch einige, die die britische Oberherrschaft nicht wohlwollend akzeptieren konnten. Einer der lautstärksten Kontrahenten war Baba Ram Singh (1815–85), der seine Anhänger beschwor, englische Kleiderstoffe zu boykottieren und *Khadi* zu tragen. (Und das mehr als ein halbes Jahrhundert vor Mahatma Gandhi!) Außerdem wollte er auch, daß sie über einen eigenen Postdienst und ein Justizwesen verfügten. Bald gerieten Ram Singhs Anhänger, die man *Kukas* oder *Namdharis* nannte, jedoch mit den Behörden über das Schlachten von Kühen in Konflikt. Hunderte von Namdharis wurden verhaftet, von Kanonen zerschossen, und

Ram Singh mußte nach Burma ins Exil. (Die Namdharis tragen den weißen Khadi noch heute. Ihre Turbane unterscheiden sich von denen anderer Sikhs, weil sie quer über die Stirn getragen werden. Die Namdharis werden von den orthodoxen Sikhs nicht anerkannt, weil sie Baba Ram Singh und dessen Nachfolger als Gurus verehren.)

Der Pax Britannica, den ihnen die Briten auferlegt hatten, brachte neue Herausforderungen für die Sikhs mit sich. Die Arya Samaj Bewegung breitete sich im Punjab ziemlich rasch aus und gewann viele Anhänger unter den Sikhs. Christlichen Missionären gelang es ebenfalls, viele Menschen der ärmeren Schichten zu bekehren. Um derartigen Strömungen entgegenzuwirken, gründeten die Sikh Führer die Singh Sabha, durch deren Veröffentlichungen über den Sikhismus sowie der Eröffnung von Schulen und Universitäten versucht wurde, den Glauben an die orthodoxe Khalsa zu vertiefen. Diese literarisch-bildende Bewegung fand den Beifall der britischen Regierung, und so konnte auch die berühmte Khalsa Universität von Amritsar im Jahre 1893 gegründet werden.

Auf literarischer Ebene war die Bewegung dadurch sehr begünstigt, daß sie den berühmten Dichter-Philosophen Bhai Vir Singh unter ihre Anführer zählen konnte. Vir Singh gründete die Khalsa Traktat Gesellschaft und die Wochenzeitschrift *Khalsa Samachar.* Man zog auch Herrn Macauliffe zu Rate und gab ein umfassendes Werk über Leben und Lehren der Sikh Gurus in englischer Sprache heraus.

Eine wichtige Neuerung, die von der Singh Sabha im Jahre 1908 eingeführt wurde, war die Gründung eines Bildungskomitees, das jährlich stattfindende Bildungskonferenzen in verschiedenen Teilen des Landes organisierte. Diese Konferenzen führten dazu, daß viele neue Sikh Schulen und Universitäten gegründet wurden.

Mit wachsendem politischen Bewußtsein verlor die Singh Sabha, die ja der Regierung sehr nahe stand und deren Führung aus der oberen Mittelklasse hervorging, jedoch ihre Beliebtheit unter der Masse der Bevölkerung. Ihr politisches Führungsgremium war die Oberste Khalsa Diwan, die pro-britisch eingestellt war und der nationalistischen Bewegung der Sikhs gleichgültig, wenn nicht sogar feindlich, gegenüber stand.

Die Sikhs werden zu Nationalisten

Die goldene Zeit der Verbundenheit zwischen Engländern und Sikhs ging mit dem Ersten Weltkrieg zu Ende. In diesem Krieg bestand die Armee der Briten zu ungefähr einem Drittel aus Sikh Soldaten. Gleichermaßen waren Sikhs im Polizeidienst in vielen Teilen des britischen Reiches, von China bis zum Nahen Osten, eingesetzt. Als Rentner ließen sie sich später mit ihren Familien in Kanada, Hongkong, Malaysien, Singapur, Australien, Ostafrika und dem Nahen Osten nieder. Durch diese Kontakte mit der Außenwelt kam den Sikhs erstmalig zu Bewußtsein, wie wenig politische Rechte sie wirklich hatten. Die Regierungen der Vereinigten Staaten und Kanadas verabschiedeten Gesetze, die eine Einwanderung von Asiaten in den amerikanischen Kontinent verhindern sollten. Die bereits dort lebenden Sikhs konnten kaum glauben, daß Kanadier Farbige des Britischen Reiches diskriminieren würden, insbesondere jene, deren Loyalität zum britischen Königreich als sprichwörtlich galt. Zwei Einwanderungsströme von 4 000 Sikhs in den Jahren 1906 und 1907 veranlaßten die kanadische Regierung, durch entsprechende Gesetzgebung die Einreise von Indern zu verbieten sowie die bereits Ansässigen auszuweisen. Derlei Maßnahmen schockierten die Sikhs aufs tiefste. Trotz ihrer Appelle, sowohl an die kanadische Bevölkerung wie auch an die britische Regierung, wurden sie in Ottawa und London abgewiesen. Sikhs wurden nun auf offener Straße beleidigt, von Raufbolden niedergeschlagen und von ausländerfeindlichen Schlägertruppen verfolgt und mißhandelt. Als sie sich um Hilfe an die indische Regierung wendeten, riet ihnen diese, in den Punjab zurückzukehren. Dort angekommen wurden sie jedoch als vom Ausland verdorbene Menschen der ständigen Beobachtung ausgesetzt. Schiere Verzweiflung trieb sie nun dazu, sich zusammenzuschließen und für ihre Rechte zu kämpfen. Im März 1913 organisierten ihre Vertreter die *Ghadr* (Meuterei) Partei, die es sich zum Ziel setzte, die Engländer aus Indien zu vertreiben, egal was es koste.

Drei Monate später ereignete sich der schändliche Vorfall der *Komagata Maru,* einem japanischen Schiff, das Sikh Auswanderer nach Kanada bringen sollte. Obwohl das Schiff und seine Passagiere alle gesetzlichen Bestimmungen der kanadischen Regierung für Einwanderer erfüllt hatten, wurde die Komagata Maru im Hafen von Vancouver zwei Monate lang festgehalten, ohne daß die Passagiere von Bord gehen durften. Es war auch nicht erlaubt, Lebensmittel oder frisches Wasser an Bord zu bringen. Statt dessen versuchte die kanadische Polizei, sich den Zugang auf das Schiff zu erzwingen, um die Führer der Sikhs zu verhaften. Als dies mißglückte, umzingelten kanadische Kriegsschiffe die Komagata Maru und bedrohten sie mit Kanonenschüssen. Es blieb ihr nun nichts anderes übrig, als nach Indien zurückzufahren. Sobald das Schiff im Budge Budge Hafen bei Kalkutta angekommen war, versuchte die indische Polizei die Passagiere, ohne Rücksicht auf deren unterschiedliche Reiseziele, aufs Geratewohl in wartende Züge zu verfrachten. Es kam zu einem Handgemenge, wobei die Polizei das Feuer eröffnete und 23 Personen tötete. Der Rest wurde in Ketten gelegt und in Sonderabteile für Gefangene in den Punjab gebracht. Einigen von ihnen war es während der Nacht gelungen, ihre Wächter zu überwältigen und vom fahrenden Zug abzuspringen. Sie wollten sich anderen wiederkehrenden Auswanderern anschließen in der Absicht, die britische Regierung durch Terroranschläge zu stürzen. Dieses Vorhaben scheiterte jedoch kläglich: Die Mehrheit der Sikhs war den Engländern treu geblieben und unterstützte diese sogar tatkräftig im Ersten Weltkrieg, der einige Monate zuvor ausgebrochen war. Die Terroristen wurden alle verhaftet und Sondergerichten vorgeführt. Viele ließen ihr Leben am Galgen, und noch mehr wurden zu lebenslangen Haftstrafen in den Andamans und den Gefängnissen des Punjab verurteilt. Die meisten von ihnen verbrachten ihre Jugend und mittleren Jahre hinter Gittern. Als sie dann endlich entlassen wurden, waren sie alte Männer, ohne Besitz oder Familie, und voller Bitterkeit. Sie wurden auch *Babas* genannt und bildeten den Kern der kommunistischen Bewegung im Punjab.

Während des Ersten Weltkrieges erreichte die Zusammenarbeit zwischen der britischen Regierung und den Sikhs ihren Höhepunkt. Tausende junger Männer meldeten sich als Freiwillige und starben an den deutschen und türkischen Fronten. Viele andere halfen, indem sie Geld und Material spendeten. Nach Schätzungen von Sir John Maynard war der Beitrag an Männern und Warenleistungen, den die Sikhs geleistet hatten, um das Zehnfache größer als der jeder anderen indischen Volksgruppe.

Nach Kriegsende war es klar, daß die Sikhs eine entsprechende Belohnung für ihre Dienste erwarteten. Das Gegenteil trat jedoch ein, und alle Hoffnungen der Sikhs wurden durch die Montagu-Chelmsford Reformen mit einem Schlag vernichtet. Die Sikhs, die im Krieg die größten Leistungen vollbracht hatten, die 40 % der Steuerabgaben ihrer Provinz zahlten und 25 % der Wählerschaft bildeten, wurden viel weniger berücksichtigt als andere Minoritäten, insbesondere Moslems. Während deren Anteil an der Gesamtbevölkerung von Bihar nur 10 % betrug, erhielten sie 33 % der Mandate. Bestürzung kehrte sich in Bitterkeit um, als bekannt wurde, wie Sikhs im Ausland behandelt, wie Mitglieder der Ghadr Partei vor Gericht verurteilt und hingerichtet wurden. Schließlich folgte noch eine Auseinandersetzung über Eigentumsrechte hinsichtlich der Sikh Schreine und Heiligtümer. Auf diese Weise wurde aus den Sikhs, die von den Engländern noch im Jahre 1918 als loyalste Volksgruppe ganz Indiens angesehen wurden, innerhalb von nur vier Jahren die aufständischste. Sie wurde zur Vorhut der Freiheitsbewegung.

Die Akalis

Die Bewegung, die letztendlich zum Bruch zwischen den Sikhs und der britischen Regierung führte, war die Akali-Bewegung. Sie entstand als Folge des Besitzstreits über die Schreine. Sikh Tempel oder *Gurdwaras* waren niemals ausschließlich als Stätten für Gottesdienste gedacht, sondern fanden auch Verwendung als Begegnungsstätten, Schulen und als Rasthäuser für Reisende. Die meisten der historischen Gurdwaras waren finanziell sehr gut gestellt, da sie nicht nur über die Einkünfte der den Tempeln angeschlossenen großen Ländereien verfügten, sondern auch über enorme Einnahmen durch Opfergaben. Aufgrund herkömmlichen Brauchtums wurden die geistlichen Funktionen in den bekannteren Gurdwaras von *Mahants* ausgeübt. Einige von ihnen gehörten dem *Udasi* Orden an, dessen Mitglieder die Lehren des Guru Gobind Singh nicht voll anerkannten. Sie neigten dazu, neben dem Granth auch Hindu Götter zu verehren. Im Laufe der Zeit wurde das Amt der Mahants vererbbar, was dazu führte, daß diese nicht nur religiöse Tätigkeiten ausübten, sondern auch zu geistlichen Oberhäuptern im Besitz von Tempeln und deren Reichtümern wurden. Unter ihnen gab es auch einige fragwürdigen Charaktere, die innerhalb der Tempelmauern ein zügelloses Leben führten. Die Mehrheit der Sikhs wollte jedoch an der ursprünglichen Funktion ihrer Gurdwaras festhalten und auf die Verwendung der Einnahmen, zu denen sie beitrugen, Einfluß nehmen. Für diese Ziele war der normale Rechtsweg jedoch völlig unzulänglich. Da die Mahants als Besitzer der Tempel durch das Eigentumsrecht geschützt waren, dauerten Gerichtsverhandlungen bis zu zwanzig Jahre und blieben in der Regel erfolglos. Daraufhin griffen die Sikhs zu direkten Maßnahmen, enthoben die Mahants ihrer Ämter und gründeten Sonderkomitees, die die Gurdwaras besetzten und verwalteten. Anfänglich sahen beide Seiten, sowohl die Mahants als auch die Regierung, diese Handhabung für gerechtfertigt an. Manche Gurdwaras gingen daher ohne Zwischenfälle in die Hände der Komitees über, welche wiederum die Mahants gegen ein Gehalt anstellten und ihnen somit die Ausübung priesterlicher Tätigkeiten überließ.

Mittlerweile verschlechterte sich die politische Lage im Punjab zusehends. Der von Mahatma Gandhi ins Leben gerufene gewaltlose Widerstand wurde zum Schluß doch noch gewalttätig, worauf ihn die Regierung erbarmungslos niederschlug. Im April 1919 kam es zu dem tragischen Massaker von Jallianwala Bagh, bei dem General Dyer den Befehl gab, auf eine nicht autorisierte, aber friedliche Versammlung zu schießen. Über 1 500 Männer, Frauen und Kinder wurden dabei verwundet oder getötet. Es folgte eine berüchtigte Verordnung, die alle Bürger dazu zwang, die Stelle, an der zuvor eine weiße Krankenschwester von der Horde gelyncht worden war, auf dem Bauch kriechend zu passieren. Die Opfer dieser unerhörten Verordnung sowie des vorangegangenen Schießbefehls waren in der Hauptsache Sikhs. Darüber hinaus geschahen beide Vorfälle in deren heiliger Stadt, so daß sie in kürzester Zeit der ganzen Sikh Bevölkerung bekannt wurden. Während das ganze Land noch unter dem Schock von Jallianwala stand, beteuerten die Sikh Mahants der britischen Regierung ihre Loyalität.

Aus Gründen, die nur ihr selbst bekannt waren, begann die Regierung, die rein religiöse Akali-Bewegung zu unterdrücken und unterstützte fortan die Mahants gegen die Sikh Gemeinde. Im Jahre 1921 folgte eine Tragödie der anderen. Ein Zwischenfall in Taran Taran führte zu mehreren Toten. Knapp einen Monat später ließ der Mahant von Nankana Sahib, dem Geburtsort des Guru Nanak, 130 Tempelbesucher, die den Gurdwara in Besitz nehmen wollten, durch seine Angestellten niedermetzeln. Daraufhin kam die von der Regierung unterstützte Anti-Akalibewegung erst richtig in Gang. Den Anstoß dazu gab die Regierung, indem sie eine Reihe falscher Maßnahmen ergriff, die sie später unter dem Druck der Akali-Bewegung wieder zurücknehmen mußte. So wurden zum Beispiel die Schlüssel der Schatzkammer des Goldenen Tempels ohne jegliche Begründung weggenommen und erst zurückgegeben, nachdem mehrere tausend freiwillige Sikh Helfer geschlagen und verhaftet worden waren. Diesem Vorfall folgte eine Verordnung, die das Tragen des Kirpans (Schwertes) verbot, obwohl orthodoxe Sikhs dieses Schwert aus religiösen Gründen stets bei sich trugen. Viele Tausende wurden wegen Vergehens gegen diese Verordnung verhaftet, ehe sie zurückgezogen wurde. Im Sommer 1922 entstand die größte gewaltlose Widerstandsbewegung in Guru Ka Bagh, einem kleinen Stück Land, das zu einer Gurdwara gehörte. Entgegen aller bisherigen Gewohnheit verbot der Mahant den Sikhs, auf diesem Land Holz für die Küche des Gurdwaras zu sammeln. Er hatte die Unterstützung der Polizei, die die Sikhs wegen unbefugten Betretens verhaftete. In mehreren Gruppen zu je hundert Personen marschierten die Sikhs nach Guru Ka Bagh und wurden dort mit *Lathis* (besenstilähnliche, ein Meter lange Holzknüppel) unbarmherzig geprügelt und anschließend verhaftet. Erst nach vielen Monaten übergab man das Land einem Sikh Verwaltungskomitee. Gleichzeitig wurde jedoch mit einer weiteren Kampagne in Nabha begonnen. Der Maharadscha, der kein Hehl aus seiner Sympathie für die Akali-Bewegung machte, wurde von der Regierung abgesetzt und mußte den Punjab verlassen. Eine Gruppe gewaltloser Widerstandskämpfer, die auf dem Weg zum Palast von Nabha war, um dort für den gestürzten Maharadscha zu beten, wurde von der Polizei beschossen. Vierzig Sikhs starben an Ort und Stelle, während die übrigen ins Gefängnis kamen. Unter den letzteren war auch Jawaharlal Nehru, der selbst erschienen war, um sich über die Situation in Nabha Klarheit zu verschaffen. Die größte aller Torheiten sollte aber noch folgen. Als alles vorüber schien und ein Gesetz zur Regelung der Tempelverwaltung erörtert wurde, schlug die Regierung nochmals zu. Eines Nachts im Herbst 1923 wurden 57 Führer der Akali-Bewegung verhaftet und der Verschwörung gegen die britische Herrschaft mit dem Ziel der Gründung eines Sikh Staates angeklagt. Das Gerichtsverfahren dauerte drei Jahre, und fast alle Angeklagten wurden zu Haftstrafen unterschiedlicher Dauer verurteilt.

Die Bewegung endete im Jahre 1925, als das Sikh Gurdwara Gesetz verabschiedet und alle Anführer wieder auf freien Fuß gesetzt wurden. In den fünf Jahren der Akali-Bewegung hatten über 30 000 Männer und Frauen eingesessen, fast 400 wurden getötet und mehr als 2 000 verwundet. 700 Beamte in den Dörfern wurden entlassen und über 150 000 Rupien in Form von Geldstrafen und Bußgeldern eingenommen. Die politischen Nachwirkungen waren sogar noch weitreichender: Die Briten verloren die Unterstützung und Loyalität der Sikhs für alle Zeit.

In den Jahren zwischen den beiden Weltkriegen kehrten die Sikhs den Engländern endgültig den Rücken. Trotz vieler Angebote von britischer Seite sowie Ermahnungen angesehener Persönlichkeiten wie Tara Singh, der bemüht war, im Zweiten Weltkrieg eine Sikh Präsenz in den Streitkräften zu erhalten, meldeten sich nur wenige Sikh Freiwillige zum Militärdienst. Im Gegenteil, viele der noch im Dienst stehenden Sikhs liefen zu der von Japan geförderten Nationalen Indischen Armee über, die erst von „General" Mohan Singh aufgestellt wurde und später unter dem Befehl Netaji Subhas Chandra Boses stand.

Nach Kriegsende war es jedem klar, daß die Tage britischer Herrschaft in Indien gezählt waren. Während der festgefahrenen Verhandlungen zwischen der Kongreß-Partei, die die Unabhängigkeit für ein vereinigtes Indien befürwortete, und der Muslim-Liga, die die Gründung Pakistans als Vorbedingung für die Machtübergabe verlangte, befanden sich die Sikhs in einem Dilemma. Eine Teilung des Punjab aufgrund der Religionszugehörigkeit würde die Sikhs in zwei gleiche Hälften trennen. Soziologisch gesehen waren die Sikhs mit den Hindus verbunden und unterstützten auch die Indische Kongreß-Partei politisch. Ihr Widerstand gegen eine Teilung des Landes verwandelte sich in Feindschaft gegen die Befürworter eines Pakistans. Bald brachen in ganz Nordindien Unruhen aus. Im August 1946 fingen sie in Kalkutta an und breiteten sich nach Ostbengalen, Bihar, Punjab und der nordwestlichen Grenz-Provinz aus. Noch ehe die Sikhs entscheiden konnten, ob sie eine Teilung akzeptieren würden oder nicht, waren bereits Hunderte von Sikh Dörfern im nordwestlichen Punjab von moslemischen Horden zerstört und geplündert worden. Tausende von Flüchtlingen hatten sich in den östlichen und südlichen Gebieten in Sicherheit gebracht. Die Sikhs hatten nun keine andere Wahl und mußten die Teilung akzeptieren. Als Pakistan im August 1947 gegründet wurde, verließen sie ihre Häuser, Tempel, Ländereien, Rinder – kurzum, ihren sämtlichen Besitz – und flohen nach Indien.

Die Aussiedlung der Sikhs

Die Teilung des Punjab trennte gleichzeitig die Sikh Gemeinde in zwei gleichgroße Gruppen. Fast zweieinhalb Millionen Sikhs strömten aus Pakistan nach Indien. Sie hatten als Besitzer von fruchtbaren, durch Kanäle bewässerten Anbaugebieten zu den reichsten Bauern Indiens gehört. Nun mußten sie mit moslemischen Mietern ohne Grundbesitz die Plätze tauschen und in den östlichen Punjab übersiedeln. Obwohl dies einen Abstieg vom Reichtum in die Armut bedeutete, wurde den Sikhs bewußt, daß sie erstmalig in ihrer Geschichte in manchen Gebieten die Mehrheit der Bevölkerung ausmachten. Die Frustration einer wirtschaftlich schlecht gestellten Bevölkerung, die auf engstem Raum zusammengedrängt leben muß, führte zu der Idee eines autonomen Sikh Staates.

Familien adeliger Herkunft, die vor 1947 beträchtlichen Einfluß auf das Leben der Gemeinde ausgeübt hatten, verloren ihre politische Macht. Später wurde das Gebiet von PEPSU (Patiala und East Punjab States Union) mit dem Punjab zusammengeschlossen. Im marxistischen Sprachgebrauch bedeutete dies, daß die politische Macht von den Feudalherren in die Hände der *petit bourgeoisie*, d. h. der Kleinbauern und Kleinhändler überging.

Das unabhängige Indien nannte sich einen sozialistischen, säkulären Staat. Privilegien von Minderheiten wie der Sikhs wurden abgeschafft. Diese Maßnahme traf die Sikhs besonders hart. Bis 1947 waren sie bei der Aufnahme in den Militär- und Staatsdienst sowie für Mandate als Abgeordnete bevorzugt behandelt worden. Nach 1947 mußten sie sich auf gleicher Basis mit anderen bewerben und erhielten nur die Anzahl von Abgeordneten zugeteilt, die der Größe ihrer Bevölkerung entsprach. Dementsprechend hatten Khalsa Sikhs keine politischen oder wirtschaftlichen Vorteile mehr. Sikhs, die sich bislang nur aus wirtschaftlichen Gründen an die äußeren Formen und Symbole der Khalsa gehalten hatten, begannen dies fortan zu unterlassen.

Die Abschaffung getrennter Wählerschaften und die damit verbundene Einführung gemeinsamer Wählerschaften führten dazu, daß die Sikhs in den meisten Wahlkreisen des Punjab eine Minorität darstellten und deshalb der Hindu Mehrheit politisch unterlegen waren. Sikh Interessen konnten nur noch auf kleinster kommunaler Ebene in Organisationen wie der SGPC oder in den wenigen Gebieten, wo sie in der Überzahl waren, wahrgenommen werden.

In der indischen Verfassung wurden vierzehn Hauptsprachen einschließlich Punjabi anerkannt. Die Grenzen der Bundesstaaten legte man aufgrund der Sprache ihrer Einwohner fest und gab jedem dichtbesiedelten Sprachraum seine eigene Verwaltung. Die einzige Ausnahme wurde bei der Punjabi Sprache gemacht. Die Sikhs empfanden dies als Diskriminierung und forderten einen eigenen Staat für den Punjabi Sprachraum. Zwei große bürgerliche Verweigerungsbewegungen endeten mit der Inhaftierung von über 50 000 Personen. Die passive Widerstandsbewegung wurde jedoch wegen der chinesischen Invasion im Oktober 1962 abgebrochen.

Danach lebte die Forderung nach einem punjabisprachigen Bundesstaat wieder auf und fand Unterstützung bei der großen Mehrheit der Sikhs. Das Anliegen mußte jedoch im Jahre 1965 wegen des Krieges mit Pakistan abermals ruhen. Die meisten Schlachten dieses Krieges wurden auf dem heimischen Boden der Sikhs und wiederum hauptsächlich von Sikh Soldaten ausgefochten. Auf diese Weise konnte sich nun die indische Bevölkerung von der Loyalität der Sikhs eindeutig überzeugen. Sobald der Krieg zu Ende war, beauftragte die indische Regierung eine Sonderkommission mit der Abgrenzung der punjabi- sowie hindisprachigen Gebiete. Die Kommission legte ihre Ergebnisse im Sommer 1966 vor. Das Gebiet, das daraufhin von Premierministerin Indira Gandhi zur Punjabi Suba erklärt wurde, erfüllte jedoch keineswegs die Erwartungen der Sikh Führung, da es viel kleiner war, als die vorangegangenen Untersuchungen dies ergeben hatten. Die Forderung nach einer Neuregelung der Grenzen wurde fortan zum Wahlspruch der Sikh Akali Parteiführung.

Seit Indien unabhängig wurde, geht es den Sikhs besser als je zuvor. Trotz des Verlustes der fruchtbareren Hälfte des Punjab an Pakistan, erholten sich die Sikhs überraschend schnell von diesem Unglück. Sie verteilten sich in ganz Indien, und Tausende wanderten aus, hauptsächlich in den Mittleren Osten, nach England und Kanada. Sie legten die malariaverseuchten Sümpfe des Terai trocken und verwandelten sie in fruchtbare Anbaugebiete. Gleichermaßen bewässerten sie große Teile der Wüste von Rajasthan und machten aus dem Gebiet von Ganganagar, in dem sie sich niedergelassen hatten, das reichste des ganzen Bundesstaates. Durch die Einführung wissenschaftlicher, mechanisierter Anbaumethoden und der Anwendung hybrider Pflanzenkulturen, chemischer Dünge- und Pflanzenschutzmittel sowie landwirtschaftlicher Maschinen, konnten die Sikhs ihre Agrarerträge verdreifachen. Einige Sikhs bekleideten auch die höchsten Ämter der indischen Republik: Arjan Singh und Dilbagh Singh wurden Oberbefehlshaber der Luftwaffe; General Jagjit Singh Arora nahm im Unabhängigkeitskrieg von Bangla Desh die Kapitulation der Armeen von Pakistan entgegen; M. S. Gurjal wurde Präsident der Indischen Eisenbahn und Dr. Manmohan Singh Gouverneur der Reserve Bank of India. Im Jahre 1982 wurde ein Sikh, Giani Zail Singh, zum Präsidenten der Republik gewählt.

Trotz dieser Erfolge blieb ein Teil der von den Akalis angeführten Sikhs unzufrieden und beschuldigte die Regierung der Diskriminierung gegen sie und ihren Bundesstaat. Im Jahre 1973 verabschiedete die Akali-Partei in Anandpur einen Beschluß mit verschiedenen Forderungen einschließlich der nach größerer Autonomie für ihren Bundesstaat. Dadurch drückte die Resolution von Anandpur indirekt aus, daß die Sikhs ein Volk für sich waren, eine eigene Nation, separat von der Hindu Bevölkerung. Dieser Resolution wurde erst größere Beachtung geschenkt, als einige der in England, Kanada und den Vereinigten Staaten lebenden Sikhs eine Bewegung gründeten, die einen souveränen, unabhängigen Sikh Staat mit dem Namen Khalistan zum Ziel hatte. Diese Entwicklung löste vorerst unter der Mehrheit der Sikhs keine Beunruhigung aus. Eine Änderung trat jedoch ein, als die Akali-Partei im Jahre 1980 ihre Mandate bei der Landesregierung von Punjab verlor. Aus reiner Frustration ließ sie die Anandpur Resolution aus den Archiven hervorholen, um dann der Zentralregierung eine Liste von 45 Forderungen vorzulegen. Als diese ignoriert wurden, starteten die Akalis eine Bewegung des passiven Widerstandes, *dharma yudh* – Kampf um Gerechtigkeit. Über 150 000 wurden inhaftiert, und zahlreiche Konfrontationen zwischen der Polizei und Mitgliedern der Nirankari Sekte kosteten viele Menschenleben. Innerhalb der Akalis bildete sich eine Gruppe von Extremisten, die von der Dal Khalsa angeführt wurden. Sie ermordeten den Nirankari Guru sowie einen prominenten Hindu Journalisten und entführten zwei Flugzeuge der Indian Airlines. Daraufhin wurden die bislang relativ guten Beziehungen zwischen den Hindus und Sikhs zunehmend gespannter. Unerklärlich war auch der Fundamentalismus, der sich unter den jungen Sikhs verbreitete. Als Führer der Fundamentalisten trat ein gewisser Sant Jarnail Singh Bhindranwale in den Vordergrund. Als Leiter eines unbedeutenden Sikh Hospizes hatte er seine Aktivitäten auf Besuche von Sikh Dörfern beschränkt, wo er Tausende junger Sikhs taufte und sie ermahnte, zu den spartanischen Traditionen des Guru Gobind Singh zurückzukehren. Die Konfrontation mit den Nirankaris und die ausgedehnte *Morcha* machten ihn bald zu einem mächtigen Führer mit einer großen

Gefolgschaft. Vielleicht machte aber auch die Zentralregierung während der Neunten Asiade ihren größten Fehler. Um einer Störung der Spiele durch Akalis vorzubeugen, veranlaßte sie, daß jeder Sikh, der über die Landstraße oder mit der Bahn nach Delhi kam, von der Polizei verhört wurde. Zum ersten Mal glaubten fast alle Sikhs, daß selbst die Regierung Indiens sie diskriminierte und als separates Volk, das nicht zu den anderen Indern gehörte, betrachtete. Khalistan, das bisher als absurde Träumerei Verrückter abgetan worden war, schien plötzlich zu einer bedrohlichen Realität zu werden.

Der Alltag der Sikhs

Von zehn Sikhs leben neun in kleinen Dörfern auf dem Lande, meistens in schönen Häusern mit großen Innenhöfen, wo ihr Vieh untergebracht ist. Die Familien der Söhne leben zusammen im väterlichen Elternhaus, bis der Grundbesitz aufgeteilt wird. Fast jedes Haus hat heute ein Transisterradio, viele haben sogar ein Fernsehgerät. Reiche Sikhs besitzen eigene Traktoren und Brunnen.

Jedes Dorf hat eine Gurdwara, die man schon von weitem an dem hohen gelben Masten mit der dreieckigen Fahne erkennt. Sie zeigt das Wahrzeichen der Sikhs, einen Wurfring mit einem zweischneidigen Dolch in der Mitte und zwei gekreuzten Schwertern darunter.

Sikh Bauern essen gerne gut und ausgiebig. Obwohl sie keine Vegetarier sind, gibt es Fleisch nur bei besonderen Anlässen wie zum Beispiel Hochzeiten. Dann zieht man Ziegenfleisch vor, dessen Besonderheit durch das Wort *Mahaprasad* – große Opfergabe – betont wird. Die Nahrung der Sikhs besteht hauptsächlich aus Weizen, Büffelmilch und Milchprodukten wie Quark, Buttermilch und zerlassener Butter *(Ghee)*. Die beliebteste Nahrung im Winter ist ein Brei aus Senfblättern *(Sarson Ka Saag)*, garniert mit frischer hausgemachter Butter und frischem Brot aus geschroteten Kichererbsen *(Makkai Ki Roti)* oder Hirse *(Baarja)*. Das Ganze wird mit großen Mengen von Buttermilch hinuntergespült. Diese äußerst bekömmliche, gesunde Kost erklärt auch, warum Sikhs so kräftig, vital und ausdauernd sind. Ein englischer Ernährungswissenschaftler untersuchte einmal die Eßgewohnheiten der verschiedenen kriegerischen Volksgruppen Nordindiens, indem er Ratten mit den typischen Gerichten der Sikhs, Pathans, Rajputs, Marathas und Gurkhas fütterte. Das Ergebnis der Untersuchung ergab deutlich, daß die „Sikh Ratte“ viel gesünder und kräftiger als die anderen war.

Obwohl Alkohol und Tabak verboten sind, halten sich die meisten Sikhs nur an das Rauchverbot, während der Alkoholgenuß großen Ausmaßes unter den Bauern bereits ein schwerwiegendes Problem darstellt. Letzteres gilt auch für den Konsum von Rauschgift wie Opium und Haschisch *(Bhang)*, das in flüssiger Form das traditionelle Getränk der Nihang Sikhs ist und der „Friedensspender“ genannt wird.

Die Feierlichkeiten der Sikhs

Geburt und Kindheit

Die Geburt eines Sikh Kindes wird nicht besonders gefeiert. In manchen Gegenden ist es jedoch Sitte, die ersten fünf Strophen des Morgengebetes *(Japji)* in das Ohr des Neugeborenen zu flüstern. Diese Sitte ist dem moslemischen Brauch des Flüsterns der *Fatiha* sehr ähnlich, ohne allerdings unter allen Sikhs verbreitet zu sein.

Die Verleihung eines Namens hingegen vollzieht sich nach bestimmten Regeln. Der Granth wird irgendwo aufgeschlagen, und der erste Buchstabe des ersten Wortes der aufgeschlagenen Seite bestimmt den Anfangsbuchstaben des Namens. Den Rest des Namens können die Eltern dann frei auswählen.

Die Sikhs des nordwestlichen Punjab haben manchmal besondere Feste, wie zum Beispiel beim ersten Flechten der Haare eines Kindes *(Gundana)*. Dieses Fest gleicht dem hinduistischen *Mundan,* wo der Kopf des Kindes erstmalig rasiert wird. Einige Familien veranstalten ein Fest, wenn ihr Kind zum ersten Mal das Granth Sahib liest *(Charni Lagana)*. Eine großartige Feier findet dann in der Gurdwara statt, und selbst die Armen bekommen anschließend reichlich zu essen. Es gibt aber auch andere Familien, die ihr Kind ohne jeglichen zeremoniellen Aufwand in das Granth einführen.

Die Khalsa Taufe (Pahul)

Die Taufe findet statt, wenn Kinder ihre Pubertät erreichen und alt genug sind, um die Pflichten ihrer Religion zu verstehen. Die Taufriten sind dieselben wie bei der ersten Taufe durch Guru Gobind Singh im Jahre 1699. Die Taufzeremonie vollzieht sich vor versammelter Gemeinde. Fünf orthodoxe Sikhs werden ernannt, um den Neuling einzuführen. Man bereitet den *Amrit* (Nektar) aus Zucker und Wasser zu und rührt ihn mit einem *Khanda* (zweischneidigen Dolch) um. Währenddessen werden ausgewählte Texte aus der heiligen Schrift rezitiert, darunter auch der *Jaap Sahib* von Guru Gobind Singh. Anschließend legt der Täufling das Gelübde des Khalsa Glaubens ab. Während das Gelöbnis laut vorgelesen wird, verbeugt er sich vor dem Granth als Zeichen seines Bekenntnisses. Zum Schluß spritzt man ihm noch etwas Amrit in das Gesicht, wonach die ganze Versammlung in den Ruf *„Bol Sri Wah Guru Ji Ka Khalsa, Sri Wah Guru Ji Ki Fateh"* ausbricht.

Wie die Fadenzeremonie der Hindus wird auch die Taufe der Sikhs als zweite Geburt angesehen, und der Getaufte erhält oft einen zusätzlichen Namen. Außerdem werden ihm nicht nur religiöse Pflichten auferlegt, sondern auch gewisse Rechte übertragen. So bekommt er nun Zugang zum *Akal Takht,* dem heiligsten Altar im Innersten des Goldenen Tempels, wo die Reliquien der zehn Gurus aufbewahrt sind. Darüber hinaus berechtigt ihn die Taufe zur Heirat.

Die Heirat

Die Sikh Hochzeit unterscheidet sich von der hinduistischen nur in einigen unbedeutenden Einzelheiten. Der wichtigste Unterschied liegt wohl in den religiösen Texten, in der Veda für die Hindus und dem Granth Sahib für die Sikhs. Eine Sikh Hochzeit wird als *Anand Karaj,* als „Fest der Glückseligkeit" beschrieben. Der Bräutigam verläßt sein Elternhaus hoch zu Roß und in Begleitung seiner Freunde und Verwandten *(Barat* oder *Janj)*. Begleitet von Musik zieht die Prozession dann durch das Dorf bis zum Hause der Braut. Dort werden die Gäste von den männlichen Familienmitgliedern der Braut *(Milni)* empfangen und zum Abendessen eingeladen. Im Hause wird der Bräutigam dann sehr genau begutachtet und von den Schwestern und Freundinnen der Braut geneckt. Bei einer von den Eltern arrangierten Ehe ist dies das erste Mal, daß das Brautpaar sich gegenüber steht und kennenlernt.

Eine Sikh Hochzeit sollte vor Sonnenaufgang stattfinden. In den frühen Morgenstunden singen professionelle Sänger *(Raagis)* Hymnen, die für die Morgenandacht *(Asa Dir War)* vorgeschrieben sind. Danach wird das Brautpaar aufgefordert, vor dem Granth Sahib Platz zu nehmen, und der Priester unterrichtet es über die ehelichen Pflichten. Anschließend liest er aus dem Granth die Hochzeitsgesänge vor, die dann von den Raagis gesungen werden. Zum Schluß erhebt sich der Bräutigam und nimmt das Ende eines Schals in seine Hände. Die Braut folgt ihm und ergreift das andere Ende. Beide gehen viermal um das Granth herum *(Laawaan)*, die Braut hinter dem Bräutigam, begleitet von ihren Brüdern und nahen männlichen Verwandten. Nach der vierten Runde wird das Paar als getraut erklärt.

Einige Stunden nach der Trauung verläßt die Braut mit ihrem Ehemann das Elternhaus *(Doli)*. In vielen ländlichen Gemeinden, wo Trauungen bereits im Kindesalter stattfinden, sind sie eher als Verlobungsfeste anzusehen. Die Braut kehrt dann bis zur Pubertät in das Elternhaus zurück. Die Ehe wird erst vollzogen, wenn sie ihr Zuhause das zweite Mal verläßt *(Muklaawa)*.

Obwohl nur die oben beschriebene Laawaan Zeremonie für Sikh Trauungen anerkannt ist, herrscht unter der einfachen Landbevölkerung die Sitte, Frauen, besonders Witwen, in Schutz zu nehmen, indem man ihnen einen Umhang *(Chaddar)* umlegt.* Kinder aus diesen Verbindungen werden als ehelich anerkannt.

Der Tod

Für den Todesfall sind keine besonderen Riten vorgeschrieben, aber einige ausgewählte Hymnen werden laut gelesen. Hingegen ist es streng verboten zu jammern und sich auf die Brust zu klopfen, obgleich beide Praktiken in Nordindien weit verbreitet sind. Die Trauernden sitzen jedoch um den Toten herum und rezitieren das Morgengebet.

Der Leichnam wird erst gebadet, in die traditionelle Sikh Tracht eingekleidet und anschließend zur Einäscherung gebracht. Wie Hindus verbrennen auch die Sikhs ihre Toten, wobei der Sohn oder nächste männliche Verwandte den Scheiterhaufen anzündet. Die Asche wird dann in einen Fluß gestreut, am liebsten in den Beas Fluß bei Kiratpur. Sikhs dürfen weder Denkmäler für ihre Toten errichten noch deren Todestage feiern. Je nach Alter des Verstorbenen dauert die Zeit der Trauer vier bis zehn Tage, um Freunden und Verwandten Gelegenheit zu geben, ihr Beileid auszusprechen. Üblicherweise entfernt man alle Möbel aus dem Hause, so daß die Trauergäste auf dem Boden sitzen und schlafen können. Am letzten Trauertag versammelt sich noch einmal die Trauergemeinde, singt Hymnen und rezitiert das Granth Sahib. War der Verstorbene das Familienoberhaupt, so wird nun der älteste Sohn offiziell als neues Oberhaupt dadurch anerkannt, daß man ihm vor allen Versammelten einen Turban um den Kopf wickelt.

Die Feste der Sikhs

Die Sikhs begehen alle Feste, die auch von den Hindus Nordindiens gefeiert werden. Sie tragen Gelb beim *Basant Panchmi*, dem Frühlingsfest, sprenkeln gefärbtes Wasser am *Holi*, versammeln sich zum gemeinsamen Gebet am *Baisakhi* und zünden zum *Diwali* Fest Lampen an. Nur der religiöse Teil des Festes wird natürlich nicht im Hindu Tempel, sondern in der Gurdwara gefeiert. Die Sikhs haben aber zusätzlich noch ihre eigenen Feiertage, von denen sechs

* Anmerkung des Übersetzers: Das Umhängen eines Umhangs ist ein inoffizieller Akt der Eheschließung.

besonders wichtig sind: die Geburtstage von Guru Nanak und Guru Gobind Singh sowie die Gedenktage der Märtyrertode des fünften Guru Arjun, des neunten Tegh Bahadur und der beiden Söhne Gobinds. Der Gründungstag der Khalsa und *Hola Mohalla* werden hauptsächlich in Anandpur einen Tag nach dem *Holi* gefeiert.

Normalerweise wird das Granth Sahib von einem großen Festzug begleitet durch die ganze Stadt getragen. Das heilige Buch liegt auf einem mit Blumen geschmückten Wagen, während links und rechts davon zwei Männer die Wahrzeichen der Sikhs *(Nishan Sahib)* auf den Händen tragen. Davor schreiten fünf Männer mit Schwertern und symbolisieren damit die ersten fünf zur Sikh Religion bekehrten Gläubigen. Die Frauen folgen hinter dem Wagen, während die Männer, in verschiedene Sängergruppen aufgeteilt, dem Zug voran marschieren. Wie bei anderen typisch indischen Festzügen, darf das Drum und Dran auch hier nicht fehlen: Blaskapellen, Dudelsackspieler, Akrobaten, Ringer, Schwert- und Stockkünstler. Ein sehr beachtenswertes Merkmal der Sikh Feste ist die Essensausgabe an alle Anwesenden in der *Guru Ka Langar* (Küche des Gurus). Bei diesen Anlässen erhalten manchmal bis zu 50 000 Menschen kostenlose Mahlzeiten.

Der Tempel der Sikhs

Der Sikh Tempel wird *Gurdwara* genannt – das Tor zum Guru. Früher hieß er auch einmal *Dharamsala* – der Ort des Glaubens. Wo immer Sikhs sich niederlassen, bauen sie als erstes eine Gurdwara. Aus diesem Grunde gibt es Gurdwaras nicht nur überall in Indien, sondern in der ganzen Welt: in Japan, Hongkong, den Philippinen, Thailand, Singapur, Australien, Neuseeland, Ostafrika, England, Kanada und den Vereinigten Staaten. Viele der besser situierten Sikhs richten sich ein Zimmer ihrer Häuser als private Gurdwara ein. Der wichtigste Gegenstand der Verehrung in einer Gurdwara ist das Granth Sahib. Dieses heilige Buch liegt auf einem niedrigen Podest und ist in ein Tuch eingewickelt, das meistens aus bestickter Seide besteht. Darüber hängt ein Baldachin als Zeichen königlicher Würde. Das Granth Sahib wird jeden Morgen feierlich aufgeschlagen und abends wieder geschlossen und eingewickelt. Männer als auch Frauen lesen darin und halten sich dabei die Fliegen fern mit einem Wedel aus dem Haar eines weißen Moschusochsen. Bevor er eine Gurdwara betritt, muß der Gläubige seine Schuhe ausziehen (in größeren Tempeln muß er sogar die Füße waschen) und seinen Kopf bedecken. Gewöhnlich betritt man nicht die Schwelle, da der Staub an den Füßen weitgereister Pilger als heilig angesehen wird. Der Gläubige sammelt den Staub mit der Innenseite seiner Hand ein und reibt ihn sich auf die Stirn. Dann geht er den Gang entlang bis zum heiligen Buch, legt seine Opfergabe (Geld) auf das seidene Tuch, kniet nieder und berührt den Boden mit seiner Stirn zum Zeichen seiner Ehrerbietung. Anschließend geht er zurück an seinen Platz, ohne dabei dem Granth Sahib den Rücken zu kehren. Männer sitzen rechts, Frauen links oder hinter dem heiligen Buch.

Es gibt vier Gurdwaras, die in Verbindung mit Guru Gobind Singh als besonders heilig gelten. Man nennt sie die vier *Takhts* (Thröne des Guru). Der erste Thron ist in Patna, dem Geburtsort des Guru; der zweite in Anandpur, wo die erste Taufe stattfand; der dritte ist der *Akal Takht* (Thron des Zeitlosen) im Goldenen Tempel von Amritsar, von dem alle wichtigen Erlasse an die Sikh Gemeinde ausgehen; der vierte ist in Nanded in Hyderabad, Dekkan, wo der Guru starb. Daneben gibt es andere historische Gurdwaras, die als Ziele für Pilgerfahrten unter den Sikhs beliebt sind. Einige stehen mit Guru Nanak im Zusammenhang, wie sein Geburtsort in Nakana Sahib, sowie der Ort seiner Begegnung mit einem moslemischen Heiligen in Hasan

Abdal, wo ebenfalls eine große Gurdwara steht. Diese und ungefähr 200 andere, einschließlich jener an der Stelle in Lahore, wo der fünfte Guru Arjun den Märtyrertod starb, liegen im heutigen Pakistan. Auf indischer Seite sind die wichtigsten Wallfahrtsziele Fatehgarh in Patiala, wo die beiden jüngeren Söhne des Guru Gobind Singh hingerichtet wurden, sowie Chandni Chowk in Delhi, wo man den neunten Guru Tegh Bahadur inhaftierte und tötete.

Neue Gurdwaras entstehen fast jeden zweiten Tag. Jene, die mit einem Guru in Zusammenhang stehen, tragen seinen Namen oder den Namen des Ereignisses, dessen es zu gedenken gilt. Der Harimandir in Amritsar ist der allerheiligste der Sikh Tempel und wird *Darbar Sahib*, „ehrwürdiger Hof Gottes", genannt. Der Geburtsort des Guru Nanak in Nankana Sahib (heute in Pakistan) heißt *Janam Asthan*, „Ort der Geburt", genauso wie die Gurdwara in Patna, wo Guru Gobind Singh geboren wurde. Die Todesstätte des Guru Arjun in Lahore nennt man *Dera Sahib*, „Ort des Verweilens". Viele Gurdwaras erhalten den Namen *Chhevin Padshai*, zum Gedenken an den „Sechsten Kaiser" Guru Hargobind. Gurdwaras zum Gedenken an den Aufenthalt des Kind-Gurus Har Rai in Delhi heißen *Bangla Sahib*, „ehrwürdiger Bungalow", nach der Villa des Maharadscha von Jaipur, dessen Gast er war. Die Stelle in Chandni Chowk, Delhi, an der Guru Tegh Bahadur den Märtyrertod fand, nennt sich *Sees Ganj*, „Markt des Kopfes". Der Ort seiner Einäscherung ist *Rikab Ganj*, „Markt der Steigbügel", nach dem Dorf, wo sie stattfand. Die Gurdwara in Nanded (Maharashtra), wo Guru Gobind Singh ermordet wurde, trägt den Namen *Abchal Nagar*, „Stadt des Aufbruchs" oder auch *Hazoor Sahib*, „der verwundbare Gebieter".

Alle historischen Sikh Gurdwaras im Punjab unterstehen der SGPC. Außerhalb des Punjab werden sie von örtlich gewählten Gremien verwaltet, denen ebenfalls Vertreter der SGPC angehören. Zur Zeit versucht die Akali Dal ein einheitliches Gurdwara Gesetz für ganz Indien durchzusetzen, um damit ihren eigenen Einfluß über die Gurdwaras zu festigen.

Die Namen der Sikhs

Jeder männliche Sikh trägt den Namen Singh und jede weibliche Sikh den Namen Kaur. Trotzdem: Obwohl alle Sikhs entweder Singh oder Kaur heißen, sind nicht alle, die Singh oder Kaur heißen, unbedingt Sikhs. Das Wort Singh bedeutet Löwe, während das weibliche Gegenstück Kaur sowohl Prinzessin als auch Löwin bedeutet. Beide Bezeichnungen existierten schon lange unter den Hindus, besonders unter kriegerischen Stämmen wie den Rajputs, Jats und Gurkhas, ehe Guru Gobind Singh sie zur Pflicht für alle Sikhs machte. Mit der Auferlegung dieser Namen verfolgte der Guru zwei Ziele: In Indien drückt der Name einer Person auch gleichzeitig ihre Kastenzugehörigkeit aus. Indem er allen Sikhs den gleichen Familiennamen Singh oder Kaur gab, machte der Guru sie zu einer kastenlosen Gemeinschaft. Außerdem wollte er mit den Namen Singh (Löwe) und Kaur (Löwin) in jedem Sikh den entsprechenden Kampfgeist erwecken.

Ein Sikh Kind erhält seinen Namen bald nach der Geburt. Normalerweise betet man kurz, schlägt einfach das Granth Sahib an einer beliebigen Stelle auf und wählt einen Namen, der mit dem ersten Buchstaben des ersten Wortes auf der linken Seite beginnt. Sehr oft hält sich die Familie jedoch nicht an diesen Brauch, bestimmt den Namen selbst und gibt ihn nach den Gebeten der versammelten Gemeinde bekannt.

Obwohl die meisten Sikhs der Anordnung ihres Guru folgen und sich mit dem einfachen Namen Singh zufrieden geben, nimmt sich doch eine wachsende Anzahl zusätzliche Namen. Zumeist sind dies gleichzeitig die Namen ihrer Kasten oder Dörfer. So nennen sich Angehörige der Kaste des Guru Nanak *Bedi,* wie der Cricketspieler Bishen Singh Bedi. Angehörige derselben Kaste wie die letzten sechs Gurus fügen den Namen *Sodhi* zu ihren eigenen hinzu, wie zum Beispiel Kartar Singh Sodhi. Aus diesem Grunde sind die meisten Hindu Kastennamen unter den Sikhs vertreten, wie u. a. Richter M. S. Joshi (Brahmane), Genosse Avtar Singh Malhotra (Kshatriya Kaste) oder General Jagjit Singh Arora (Vaishya). Auch kommt es häufig vor, daß Mitglieder niedriger Kasten die Namen höherer Kasten annehmen, weswegen Jat Namen wie Randhawa, Gill, Grewal, Sandhu oder Siddhu weit verbreitet sind. Gleichermaßen nimmt man sehr oft den Namen seines Dorfes an, was in Namen wie Harchand Singh *Longowal,* Gurcharan Singh *Tohra,* oder Parkash Singh *Badal* zum Ausdruck kommt. Wie die Urdu Dichter übernehmen auch Sikh Poeten ihre Pseudonyme als Bestandteile ihrer Namen, wie zum Beispiel Pritam Singh *Safeer* (Gesandter). Manchmal passen die Namen jedoch nicht zusammen oder sind zumindest nicht leicht verständlich. So würde der Name Gopal Singh *Dardi* wörtlich übersetzt „Kuh-Beschützer-Löwe, der den Schmerz anderer nachfühlt" bedeuten.

Sikh Namen wie Laftain (Leutnant), Kaptaan (Hauptmann), Major oder Jarnail (General) zeugen von einer Vorliebe für kriegerische Traditionen. Wird, wie im Falle des Guru Nanak, ein Junge im Hause der Großeltern mütterlicherseits *(Naankey)* geboren, so kann er den Namen Nanak Singh bekommen. Ein Mädchen würde dann Nanki heißen. Jemand, der am Basant Panchami geboren wurde, nennt sich wahrscheinlich Basant Singh oder Basant Kaur. Nihang Sikhs hingegen geben sich oft Namen, die Wünsche beinhalten. So war ein beliebter Name während der Mogul Herrschaft Dilli Tor Singh (der Löwe, der Delhi zerstören wird) oder, während der englischen Kolonialzeit, London Tor Singh. Unter der Landbevölkerung wird ein hellhäutiges Kind oft Angrez (englischer) Singh, Angrez Kaur, oder einfach Bugga (weißer) Singh benannt. Außerdem gibt es noch Namen wie Shanghara, Jhimma, oder Balakara, die in der Stadt nicht vorkommen und nur von den Bauern verwendet werden.

Wie der Sikh Glaube sind auch Sikh Namen sowohl hinduistischen als auch moslemischen Ursprungs. Persische Namen wie Iqbal, Nawab, Qurban oder Mubarak sind moslemischer Herkunft. Dagegen ist die große Mehrheit der Sikh Namen wie Ranjit, Surjit, Baljit (Sieger der Schlacht), oder Baldev (erprobt im Krieg), Hindu-Sanskrit. In adeligen Familien sind sogar englische Namen wie Peter, Billy, David, Cecil (Familie Patiala), Anne, Pearl, Honey (Familie Jind) Mode geworden.

Sikh Männer und Frauen können den gleichen Vornamen tragen. Es ist daher möglich, daß die Schwester eines Herrn Sunder Singh den Namen Sunder Kaur trägt. Diese Gewohnheit ist jedoch im Aussterben begriffen. Hingegen gibt es auch Sikh Frauen, wie die Schriftstellerin Ajit und ihre Tochter Arpana, die Kaur wie Cour schreiben, und noch andere, die diesen Namen gänzlich fallen lassen und die weiblicher klingenden Hindu, Moslem oder europäischen Namen vorziehen. Daher findet man unter der jüngeren Generation der Sikh Mädchen oft Namen wie Shakuntala, Sarla, Urmila, Savitri, Nergis, Belinda oder Natasha.

Die Tatsache, daß fast alle Sikhs Singh heißen, und die Anzahl der Vornamen eher begrenzt ist, führt dennoch nicht zu dem Durcheinander, das man sich vielleicht vorstellen mag. Den Trägern gleicher Namen fügt man nämlich aufschlußreiche Beinamen hinzu, so daß die Unterschiede klar erkennbar werden. Wenn daher zwei Kartar Singhs in derselben Gegend wohnen, so heißt einer vielleicht Kartar Singh *Dhiddal* (der Dickbäuchige) und der andere Kartar Singh *Ainkee* (der Brillenträger).

Bei Sikh Namen ist alles möglich. So gab ein Vater in Delhi, der vom englischen Leben eingenommen war und es besonders gut meinte, seinen vier Söhnen die Namen Gentle (Sanfter) Singh, Humble (Demütiger) Singh, Noble (Nobler) Singh und Simple (Einfacher) Singh.

Der Turban der Sikhs

Die Turbane gibt es in vielen Formen und Farben. Im Durchschnitt sind sie ungefähr sechs Meter lang und leuchten in allen Regenbogenfarben. Ein Sikh muß den Turban wegen seines ungeschnittenen, langen Haares tragen. Ohne Turban in der Öffentlichkeit zu erscheinen gilt als äußerst unhöflich, und jemandem den Turban vom Kopf zu reißen ist sogar eine schwere Beleidigung.

Sikh Knaben bekommen zuerst Zöpfe geflochten, die später oben auf dem Kopf zu einem Knoten zusammengebunden, und mit einem leichten Schal in Form eines Turbans bedeckt werden. Ab dem fünften Lebensjahr dürfen kleine Jungen einen Turban tragen. Das Fest des ersten Turbanbindens *(Dastar Bandhi)* wird in einigen Familien gefeiert. Nach dem Tode des Vaters verrichtet der älteste Sohn diese Zeremonie als Zeichen seiner Ernennung zum neuen Familienoberhaupt.

Die Farbe des Turbans hat keine besondere Bedeutung. Ältere Menschen tragen jedoch sehr oft Weiß, die traditionelle Trauerfarbe Indiens. Bei Hochzeiten trägt man Rosa, und am *Basant Panchami* Gelb zu Ehren der gelben Senfblume, die zu dieser Zeit in voller Blüte steht. Schwarz als Farbe des Leidens wurde von den Akalis während ihrer Protestbewegung gegen die britische Herrschaft eingeführt. Später wechselten sie über zu Stahlblau, der Lieblingsfarbe der Soldaten des Guru Gobind Singh.

Ein Turban kann auf viele Arten gebunden werden. Sikh Bauern wickeln ihn einfach um den Kopf, ohne große Rücksicht auf das Aussehen zu nehmen. Modebewußte Sikhs dagegen tragen unter dem Hauptturban noch mehrere kleinere, oder auch nur Schleifen, die mit äußerster Sorgfältigkeit gebunden und in Schichten aufgebaut werden, bis sie oberhalb der Mitte der Stirn in einem spitzen Winkel zusammenkommen. Um ein Verrutschen der einzelnen Schichten zu verhindern, steckt man sie mit Nadeln fest. Männer der Namdhari Sekte tragen nur weiße Turbane und binden sie flach über die Stirne, wodurch man an die Hauben von Küchenchefs erinnert wird. Mitglieder der Nihang Sekte wiederum machen ihren Turban zu einem Fetisch und tragen bis zu einem halben Dutzend gleichzeitig, wodurch ihr Kopf eher einer Hügellandschaft ähnelt.

Ein geübter Sikh braucht nur ein oder zwei Minuten, um seinen Turban zu binden. Im Laufe der Zeit entstehen individuelle Stilrichtungen, wobei einige aus dem natürlichen Ablauf der Handbewegungen erfolgen und andere bewußt kultiviert werden. Manche Männer ziehen es vor, ihre Turbane zu stärken und sie mit *Shamlas* (Federn) zu schmücken. Andere wiederum lassen einen halben Meter langen Teil des Stoffes wie einen Pferdeschwanz frei über den Rücken hinabhängen. Ein großer Vorteil des Turbans in heißen Ländern ist die Tatsache, daß er den Kopf kühl hält und den empfindlichen Hinterkopf schützt. Jedenfalls ist bis heute noch kein Sikh an einem Sonnenstich gestorben.

Sardarji

Die korrekte Anrede für „Herr" bei den Sikhs ist Sardar und für eine verheiratete Frau *Sardarni.* Kennt man den Namen eines Sikh nicht, so ist es höflicher, ihn als *Sardar Sahib* und seine Frau als *Sardarni Sahiba* anzusprechen. Diese Formulierungen hört man heute zumeist in den oberen Gesellschaftsschichten. Unter den Arbeitern und Bauern hingegen spricht man einen Mann mit *Bhaiji* oder *Bhai Sahib* (Bruder) und eine Frau mit *Bibiji* (Frau) oder *Bhainji* (Schwester) an. In aristokratischen Kreisen wendet man sich mit *Raja Sahib* an das Familienoberhaupt und mit *Rani Sahiba* an dessen Ehefrau. Die Anrede für den ältesten Sohn ist *Tikka Sahib,* dessen Ehefrau *Tikkarani,* für die jüngeren Söhne *Kunwars* und deren Gattinnen *Kunwarranis.*

Manchmal werden dem Namen auch Berufsbezeichnungen hinzugefügt. Die häufigste ist *Giani* für Gelehrte und Theologen, wie bei Giani Zail Singh, dem Präsidenten Indiens. Den Akali Führer Tara Singh nannte man *Masterji* oder *Master* Tara Singh, da er vorher Schuldirektor war.

Sikh Witze

Witze von und über Sikhs sind zwei ganz verschiedene Dinge. Was sie aber gemeinsam haben ist die Tatsache, daß beide von Sikhs gemacht werden. Die Witze drehen sich gewöhnlich um die robusten, militanten Nihangs, ihre sexuellen Eroberungen, Einfältigkeit und ihr Benehmen unter dem Einfluß von *Bhang* (Haschisch), dem sie sehr gerne zusprechen. Die Nihangs entwickelten ihre eigene Umgangssprache, die auf ihre kriegerische Vergangenheit und ihr Unglück im Kampf zurückgeht. Eine Einzelperson bezeichnet sich gerne als *Fauj* (Armee) oder *Sawa Lakh* (einhundertfünfundzwanzigtausend Männer). Obwohl viele von ihnen im Laufe der Jahre zu Bettlern geworden sind, bitten sie nicht um Almosen, sondern erheben eine Steuer von den Leuten, denen sie Besuche abstatten. Den billigsten Lebensmitteln geben sie die grandiosesten Namen. So werden Zwiebel zu *Ruppa* (Silber), ausgetrocknete Futtererbsen zu „Mandeln“, wildwachsende Beeren zu „Trauben“ und Chilipfefferschoten zu einer „streitsüchtigen Dame“. Wenn sie zur Toilette gehen wollen, stellen sie die Frage, ob sie einen „Geparden verjagen“ dürften. Kommen sie dann nach vollbrachter Tat zurück, ist ihnen ein „Sieg über die große Festung von Chittor“ gelungen.

Bei Witzen über die Sikhs geht es immer um deren Einfältigkeit. Über viele Jahre hinweg war der ranghöchste Sikh Minister im Punjab oder in der Zentralregierung die beliebteste Zielscheibe für derartige Witze. Normalerweise reagieren Inder überaus empfindlich, sobald man sich über sie auch nur im geringsten lustig macht. Eine große Ausnahme hingegen bilden die Sikhs, die sich nicht nur freuen, wenn Witze über sie gemacht werden, sondern die meisten „Sikh Witze“ sogar selbst erfinden. Diese Einstellung ist auf ihr ausgeprägtes Selbstbewußtsein zurückzuführen, wonach sie in allen körperlichen und geistigen Aktivitäten sowie in allen Berufen der Landwirtschaft, Medizin, Naturwissenschaft, Kunst oder des Militärs den Schwestergemeinden der Hindus, Moslems und Christen weit überlegen sind.

Guru Nanak mit seinen ersten Jüngern, dem moslemischen Rebeckspieler Mardana und dem Hindu Bauern Bala. Holzschnitt nach einem Bild im Britischen Museum.

Vorhof des Harimandir Tempels. Nachdem die Pilger das Becken der Unsterblichkeit umlaufen haben, erholen sie sich und tauschen die letzten Neuigkeiten aus.

Der Gehweg der Pilger wird gesäubert. Da Tausende von Gläubigen das Becken der Unsterblichkeit jeden Tag umlaufen oder darin baden, wird der Beckenrand in Abständen von wenigen Stunden regelmäßig gereinigt.

Bad der Seelenreinigung. Für Sikhs hat das Wasser des Harimandir Beckens die gleiche Bedeutung wie für Hindus das Wasser des Ganges: Es reinigt die Seele von den Sünden.

Ankunft des *Raagi* (professioneller Hymnensänger) mit seinem Harmonium, das er sorgfältig in ein Tuch eingewickelt hat.

Nicht nur Sikhs, sondern auch zahlreiche Hindus kommen jeden Tag zum Harimandir Tempel, um dort zu beten.

Der *Kirpan* (Dolch) ist eines der fünf Wahrzeichen des Sikh Glaubens. Orthodoxe Sikhs trennen sich niemals von ihnen und tragen sie sogar beim Baden und Schlafen.

Babey Buddhay da Ber – ein uralter Baumstamm neben dem heiligen Wasserbecken. Der Baum wird verehrt, weil man glaubt, daß Baba Buddha, ein Bediensteter der ersten sechs Gurus, von seinem Standort aus die Ausgrabungsarbeiten für den künstlichen See überwachte.

Das Allerheiligste im Innern des Harimandir. Die Gläubigen bieten dort ihre Huldigungen dar und spenden für die Gemeinde.

Es ist nicht ungewöhnlich, in einer Sikh Gurdwara bewaffnete Männer anzutreffen. Der Militarismus ist ein grundlegender Bestandteil der Khalsa Tradition.

Zu Beginn der Taufzeremonie liest der *Granthi* dem Täufling aus dem heiligen Buch vor, während die *Panj Pyaras* mit erhobenen und gezückten Schwertern dabeistehen.

Pahul (Taufe). Die „Fünf Gesegneten“ *(Panj Pyaras)* bereiten den *Amrit* (Nektar) in einer Schüssel zu. Die Täuflinge trinken dann aus dieser Schüssel und werden zu Mitgliedern der Khalsa Bruderschaft erklärt. Diese Taufzeremonie wurde erstmals im Jahre 1699 von Guru Gobind Singh in Anandpur durchgeführt.

Ein Mädchen wird als Khalsamitglied getauft. Auf dem Tisch liegt der zweischneidige Dolch *(Khanda)*, mit dem der *Amrit* umgerührt wird. Dazu werden religiöse Lieder gesungen.

Junge Singhs. Eigentlich sollte die Taufe erst nach dem Erlangen der Pubertät stattfinden. Dies wird jedoch oft nicht beachtet, und Kinder werden getauft, ohne den Sinn des Gelöbnisses zu verstehen.

Bilder der Andacht: Ein Gläubiger betritt einen Raum, in dem ein Granthi aus den heiligen Schriften vorliest. Die goldenen Kuppeln des Goldenen Tempels und der Glockenturm spiegeln sich im Fenster.

Das heilige Granth Sahib. Es ist das einzige Objekt der Verehrung eines Sikh Tempels. Es wurde im Jahre 1604 von Guru Arjun aus Niederschriften verschiedener Gurus sowie aus Hymnen hinduistischer und moslemischer Heiliger zusammengestellt. Ein Diener mit einem Fliegenwedel aus den Schwanzhaaren eines Yaks steht hinter dem Granthi.

Anläßlich des *Diwali-Festes* wird der Goldene Tempel großartig beleuchtet. Zusätzlich gibt es noch ein Feuerwerk. Die Sikhs feiern alle Hindu Feste.

Giani Zail Singh wurde als erster Sikh zum Präsidenten der indischen Republik gewählt. Vorher war er Ministerpräsident des Punjab und Innenminister in der Zentralregierung von Delhi.

Präsidialer Glanz. Zail Singh entstammt einer armen Bauernfamilie und verbrachte während der indischen Unabhängigkeitsbewegung viele Jahre im Gefängnis.

Die kriegerische Tradition bleibt für die Sikhs das meistgeschätzte Erbe ihrer Geschichte. Noch heute bilden Sikh Soldaten das Rückgrat der indischen Streitkräfte.

Alt und neu. Ein Sikh Soldat steht Wache neben einer alten Sikh Kanone, die heute als Schmuckstück einer alten Festung dient.

Sikh Kanonen, hergestellt unter der Herrschaft des Maharadscha Ranjit Singh und hauptsächlich von moslemischen Kanonieren bemannt. Heute können sie in den Freiluftmuseen größerer Städte besichtigt werden.

Giddha, Volkstänze und Lieder des Punjab, von Mädchen aufgeführt.

Eine festlich geschmückte Braut in ihrem Hochzeitsgewand kurz vor der Trauung.

Das Brautpaar nach der *Anand Karaj* (Feier der Glückseligkeit).

Bhangra, der Erntetanz. Er ist unter den Männern des Punjab sehr beliebt. Viele Bewegungen dieses Tanzes erinnern an Kosakentänze.

Sobald der Sommer kommt, hängt man an den Bäumen die Schaukeln auf. Das Schaukeln, hauptsächlich ein Zeitvertreib für Mädchen und Frauen, ist während der Monsunmonate besonders beliebt.

Ein weitläufiges Netz von Kanälen versorgt das gesamte Gebiet des Punjab. Alle Dörfer sind an Stromleitungen angeschlossen. Kanäle und Brunnen sorgen dafür, daß Acker und Feld konstant bewässert werden.

Der Traum vom Wohlstand. Die meisten wohlhabenden Bauern besitzen Radio und Fernseher, und sollten sie sich keinen Kühlschrank leisten können, so stellt wenigstens ihre Wandmalerei dessen Inhalt dar.

Viehmarkt. Sikhs trinken am liebsten Büffelmilch. Die Nachfrage nach europäischen Kühen ist jedoch sehr groß, da diese mehr und bessere Milch geben.

Moderne Landwirtschaft. Was die Anzahl von Traktoren und Erntemaschinen betrifft, so steht der Punjab in Indien an erster Stelle. Die Sikhs sind stolz darauf, die besten Landwirte Asiens zu sein.

„Tomatenpflanzen zu verkaufen“ bietet die junge Dame auf dem Reklameschild inmitten eines Feldes an.

Alt und neu: Vom Kraftwerk des Bhakra Dammes aus versorgen Überlandstarkstromleitungen jeden Winkel des Punjab. Daneben zokkelt ein uralter Ochsenkarren mühsam nach Hause.

Der ländliche Punjab: ein Bild des Friedens und des Wohlstandes in der Monsunzeit.

Freizeit: Dorfbuben beim Versteckspiel unter den Ästen eines umgefallenen Banyanbaumes.

Alle Wege führen nach Anandpur. Einige Tage vor Beginn des *Holi,* dem Fest der Farben, machen sich Sikh Bauern auf den Weg nach Anandpur, wo Guru Gobind Singh im Jahre 1699 die Khalsa Panth gegründet hatte. Diese Feiertage werden von den Sikhs *Hola Mohalla* genannt.

Keine Zeit, um anzuhalten. Das Sikh Baby erleichtert sich während der Fahrt, was in der Umgangssprache als „Verscheuchen des Geparden" bezeichnet wird.

Unbezahlte, freiwillige Arbeit: *Kaar Sewa.* Die meisten Sikh Tempel und dazu gehörenden Anlagen werden von Männern und Frauen ohne Entgelt gebaut und angelegt.

Die Küche des Guru oder *Guru-ka-Langar* ist eine heilige Tradition der Sikhs. Jeder, der um Essen bittet, bekommt in allen Gurdwaras eine kostenlose Mahlzeit. An religiösen Feiertagen werden bis zu über 100 000 Menschen aus der Küche des Guru verköstigt.

Im Dienst am Nächsten findet man Erfüllung. Gurdwara Küchen werden ausschließlich von freiwilligen Mitarbeitern betrieben. Manche Menschen, wie diese alte Dame, arbeiten täglich viele Stunden, um die Pilger zu versorgen.

Ein unternehmungslustiger Sikh auf einem Turm hoch über den Dächern von Amritsar.

Der Himmel kennt keine Grenzen. Der Wald von Fernsehantennen in Chandigarh, der Hauptstadt des Punjab, läßt den Wohlstand dieses Bundesstaates erkennen.

Die Dichterin Amrita Pritam ist die erste Frau, die mit dem begehrten Gnanpith Literaturpreis ausgezeichnet wurde. Ihre Gedichte und Romane sind in Indien und Pakistan sehr bekannt.

Ein Hauch königlicher Würde. Amarendra Singh von Patiala, heute Mitglied des Parlaments, bevorzugt immer noch den Lebensstil seiner Maharadscha Vorfahren.

Geschmackvolle Inneneinrichtung eines Sikh Hauses in Neu-Delhi. Die Enkelin des Hauses sitzt in ihrem Schaukelstuhl.

Die meisten Sikh Frauen tragen den traditionellen *Salwar-Kameez* mit einer *Dupatta*.

Marschall Dilbagh Singh, zweiter Oberbefehlshaber der indischen Luftwaffe. Der erste war Marschall Arjan Singh.

Ein Sikh Sportler beim Training. Der ehemalige Moti Bagh Palast des Maharadscha von Patiala dient heute als nationales Sportinstitut.

Auf dem Weg nach Amritsar. Die Bewohner eines ganzen Sikh Dorfes marschieren auf die heilige Stadt zu.

Der Herrscher über alles, was das Auge überblickt. Santa Singh reitet zur Inspektion seiner Truppen. Im Hintergrund der Tempel von Anandpur.

Das rituelle Fußbad. Die *Nihangs* – der Name stammt aus dem persischen Wort für Krokodil – waren die „japanischen Samurais" unter den Sikhs und bildeten einst die Selbstmordkommandos der Sikh Armeen. Die Nihangs sind in zwei Bruderschaften aufgeteilt: die *Buddha Dal* (alte Armee), und die *Taruna Dal* (junge Armee).

Santa Singh, Oberhaupt der Nihang Sikhs, mit seinen Leibwächtern. Er nennt sich selbst *Sultan-ul-Qaum* oder „König der Gemeinde".

Bauern als Soldaten. Speere und Schwerter sind noch immer die Lieblingswaffen der Sikhs.

Der Nihang Häuptling auf seinem Schimmel. Santa Singh erscheint auf seinem protzig aufgeputzten Hengst, um sich seinen Truppen anzuschließen. Die Lieblingsfarben der Nihangs sind Stahlblau und Safrangelb.

Die Küche des Guru in einem Nihang Lager. In allen Sikh Gurdwaras werden alle Besucher gratis verköstigt.

Ein Lob dem Friedensspender! Nihangs sind berüchtigte Trinker des *Bhang* (Tee aus Haschisch hergestellt), den sie „Friedensspender“ nennen.

Eine Nihang Feldküche. Ein Feldherr kontrolliert Küche und Verpflegung in seinem Lager.

Schwerter zu verkaufen. Der *Kirpan* ist eines der fünf grundlegenden ‚Ks', die ein Sikh immer bei sich tragen muß.

Ein Schwerttanz in Anandpur. Ein junger Mann zeigt seine Geschicklichkeit im Umgang mit dem *Kirpan* (Dolch).

Schwertkampf unter heranziehenden Gewitterwolken. Diese frischgetauften Neulinge sind amerikanische Jünger des Yogi Bhajan.

Ein langer Tag geht zu Ende. Ein Reiter tritt mit seinem Pferd den mühsamen Rückweg zum Dorf an.

Die militanten Gläubigen. Bewaffnete Nihang Sikhs verteidigen die Regierung bei *Shahidan-da-Gurdwara* (Tempel der Märtyrer) während der gegen die Regierung gerichteten Akali Unruhen.

Frauen unterstützen Männer in der *Morcha*-Bewegung der Akali Dal.

Militante Demonstranten. Mitglieder der Akali Partei blockieren den Verkehr *(Rasta Roko)*, um ihren Forderungen an die Zentralregierung Nachdruck zu verleihen.

Vertreter des Sikh Fundamentalismus, Jarnail Singh Bhindranwale. Er war der Sturmvogel der Sikh Politik bis zum Unternehmen Bluestar, bei der er und viele seiner nächsten Anhänger während der Kämpfe um den Goldenen Tempel umkamen.

Polizeimannschaften der Zentralen Polizeireserve patrouillieren die Straßen von Amritsar, als die Spannungen und die Angst in der Stadt steigen.

Waffenstellungen von Anhängern Bhindranwales auf einem alten Turm, der strategisch günstig zum Goldenen Tempel liegt.

Ein älteres Sikh Paar inmitten der Trümmer ihres Hauses, das zerstört wurde, um eine Basis für den Angriff auf die militanten Sikhs, die sich im Goldenen Tempel verschanzt hatten, zu haben.

Gläubige Sikhs als auch Hindus blicken mit Trauer und Betroffenheit auf die Überreste des Akal Takht nach dem Unternehmen Bluestar.

Sie warten auf den Frieden. Im Shahidan-da-Gurdwara tauscht man die letzten Neuigkeiten aus.

Kaar Sewa, von der Akali Dal geleitet, am Goldenen Tempel. Freiwillige jeden Alters, Männer, Frauen und Kinder, Hindus und Sikhs, bei der Reinigung des heiligen Beckens.

Mit freudiger Hingabe versehen Freiwillige den Tempeldienst. In festlicher Kleidung sind sie gekommen, und einige werden Schlemmsand als Andenken oder Reliquie nach Hause nehmen.

Trauer und Verwirrung sprechen aus den Augen des kleinen Jungen, der seinen Vater bei den politischen Unruhen im Punjab verloren hat.

Der sanfte Löwe. Sant Harchand Singh Longowal, Akali Führer und Mitunterzeichner des historischen Punjab Abkommens, fiel in einem Gurdwara den Kugeln eines Attentäters am 20. August 1985 zum Opfer.

Surjit Singh Barnala. Er führte die Akali Dal bei den Wahlen im Punjab September 1985 zum Sieg und wurde zum Chefminister ernannt.

Abendstimmung am Lagerfeuer. Pilger beim Abendessen neben ihren Traktoren in der festlich beleuchteten Anandpur Sahib Gurdwara.

Spiegelbilder. Eine ältere Dame am Becken des Goldenen Tempels liest den *Sukhmani* – Psalm des Friedens – von Guru Arjun.